한국사회복지 조직의 성장과 과제

The Deveolpment and Tasks of
Korean Social Welfare Organizations
Humanizing and Polycaring

한국사회복지 조직의 성장과 과제

성규탁
김범중 조상미 이석호

— 인간화(人間化)와 다공화(多公化)

인사말

사회복지는 역사적으로 어려움에 처한 사람들에게 관심을 가지고 인간적인 온정으로 돌보는 도덕적 가치를 기틀로 시작되고 발전해 왔다. 오늘날 이러한 인간 중시적 돌봄을 수행하는 사회복지조직은 그 어느 때보다 다양한 운영 체계의 모습을 보여 주고 있다. 돌봄을 제공하는 사회복지사뿐만 아니라 돌봄을 받는 고객도 다양화·복잡화의 특징을 보여 준다. 지역사회복지관이나 노인요양원의 경우 각각의 조직이 이미 거대한 조직의 일부면서 동시에 관련 조직의 느슨한 연합체이기도 하다. 조직의 경계가 크게 확장되는 한편 조직 속에 세분된 하위 조직을 생성하여 구조와 기능의 다양성과 복잡성을 더하게 되어 관리와 운영을 위한 발전적 엔지니어링을 필요로 하게 된다.

이 책은 돌봄을 수행하는 사회복지조직의 복잡한 상황적 특성에 주목한다. 수많은 사회복지조직이 각기 여러 개의 하위 체계 틀에서 다수의 돌봄 제공자를 통해 다양한 돌봄 서비스(多)를 여러 사람(公)에게 제공하는 모습을 보여 주는 실황이다. 이 책에서는 이를 '다공화'(多公化) 현상으로 설명한다. 즉, 돌봄 서비스가 다공화되고 있는 것이다.

이 책은 이러한 상황적 복잡성 속에서 돌봄을 제공하는 사회복지 조직은 휴머니즘에서 정체성을 찾아야 한다고 보고 있다. 즉 사회 복지조직의 사회적 기능과 역할에 대해 본질적인 질문을 자성적으로 던져보고, 결국 그 해답을 휴머니즘에 기초한 사회복지의 도전적 가치에서 찾고 있다.

따라서, 이 책은 조직 환경 변화에 부응하는 다공화된 인간 중시적 돌봄을 제공하기 위해, 자체 구성원을 존중하고 지지해야 한다고 주장한다. 조직 구성원들의 자발적 동기 유발을 통해 조직 효과성을 높이는 행정적 엔지니어링의 중요성을 강조한다. 이러한 노력이 가능할 때 클라이언트를 중시하는 돌봄 서비스가 가능하다고 보는 것이다.

이 책은 한국의 문화적 맥락에서 인간 중시적 전통을 지키면서 사회복지 현장의 조직 구성원들이 고객을 위한 돌봄 사업을 효과적으로 수행토록 하는 사회복지 행정의 방향과 방안을 탐사, 제시하고 있다.

저자이신 성규탁 교수님은 『사회복지행정학』을 한국에서 처음 출간하여, 조직의 효과성을 지향하는 행정의 방향과 방안을 규명하였다. 또한, 많은 후학에게 사회복지 행정 연구를 위한 소중한 영감과 지적 자극을 줬다. 사회복지 돌봄 서비스는 조직을 세팅으로 전달된다. 조직의 주요 과제는 세워진 목표를 성취함으로써 효과적인 운영을 지향하는 것이다.

이 책은 성장하는 새 시대의 조직(시설)이 효과성을 지향하며 인간 중시적으로 운영하는 데 필요한 요건을 밝혀 놓았다. 조직 운영을 위한 원숙한 리더십, 전문성을 갖춘 조직 구성원, 조직 구성원에 대한 지지적 태도, 자원의 확보, 변화에 대한 유연한 대처, 발전된 커뮤니케이션 네트워크, 관료제 속성의 축소 등 행정적 요건들을 조명하였다.

이 책은 사회복지 행정을 연구하는 학생들과 사회복지조직 관리에 관심을 가지는 모든 사회복지사와 연구자들에게 소중한 지침서가 될 것이다.

2021년 9월
최 재 성
연세대학교 사회복지학과 교수
한국사회복지행정학회 회장 역임

한 동 우
강남대학교 사회복지학과 교수
한국사회복지행정학회 회장 역임

머리말

사회복지는 어려움에 처한 사람들을 존중하며 온정으로 돌보는 도덕적 기틀 위에서 시작되고 발전해 왔다. 새 기술이 나와 생활 관습이 달라져도 사회복지 돌봄을 실행하는 조직은 이 인간 중시적 전통을 변함없이 이어나가야 할 것이다.

이러한 전통을 가진 사회복지조직에 커다란 변화가 일고 있다. 새 시대의 다수 조직이 한두 가지 돌봄 서비스를 제공하는 단순한 운영에서 벗어나 여러 하위체계로 분리해 여러 세팅에서 여러 돌봄 제공자가 여러 가지(多) 돌봄 서비스를 뭇사람(公)에게 제공하는 발전적 변화를 하고 있다. 즉 돌봄 서비스가 다공화(多公化)되고 있는 것이다. 나라가 부유해지고 사회복지에 대한 시민의 이해와 욕구가 증대함에 따라 이러한 변화는 이어질 것으로 본다.

위와 같이 사회복지조직은 두 가지의 중대한 과제를 수행하게 된다. 하나는 인간 중시적 돌봄의 전통을 변함없이 이어 가는 것이고, 다른 하나는 새 시대의 공익을 위한 다공화된 돌봄 서비스를 뭇사람에게 제공해 나가는 것이다.

조직의 인간화는 중단 없이 강화, 실천되어 나가야 하고, 조직의 다공화는 앞으로 창의적으로 연구, 발전시켜 나가야 할 과제다. 이 두 과제를 이룩함은 곧 우리가 흔히 인용하는 온고지신(溫故知新, 옛 것을 익히며 새 것을 배워 나감)의 격언에 해당한다. 사회복지 행정은 이러한 전통과 변화에 대응하여 조직을 효과적으로 운용하는 과제를 다루어야 한다.

이 책에서는 2원적 목표의 틀을 적용하여 조직이 효과성을 지향하는 실상을 살펴본다. 즉 조직 외부의 사회를 위한 목표와 조직 내부의 성원을 위한 목표를 함께 추구하는 현상이다. 공교롭게도 조직을 감독, 지원하는 정부도 바로 이와 같은 두 가지 목표를 달성할 것을 권장, 지령하고 있다.

* 질이 좋은 돌봄 서비스를 사회에 제공할 것
* 조직원들에게 마땅한 대우를 할 것

사회복지조직 행정의 기본 과제가 제시된 것이다. 이 책은 새로운 이론을 개발하는 데 목적이 있지 않다. 기존 이론과 방법을 적용하여 한국의 문화적 맥락에서 인간 중시적 전통을 지키면서 공익을 위한 다공화된 돌봄 사업을 효과적으로 수행하도록 엔지니어링하는 사회복지 행정의 방안을 연구하려는 것이다.

　제1, 2장에서 사회복지조직의 인간화와 한국인의 전통적인 인간 중시적 가치를 밝히고, 제3, 4장에서는 한국의 사회복지조직의 성장 및 다공화 실상을 살핀다. 제5, 6장은 조직의 목표 및 효과성에 관한 이론과 실황을 논의하고, 제7장에서 다공화된 조직의 사례를 들어 해설하며, 제8장에서 이 책의 주요 논의를 마무리한다.

　이 책에서 다루는 주요 과제는 사회복지 돌봄을 고객에게 인간 중시적으로 제공함과 아울러 조직원들에게도 인간 중시적 대우를 하여 다공화된 조직을 효과적으로 행정하는 데 필요한 요건을 탐색, 제시하려는 것이다.

2021년 9월 9일

저자

목 차

제1장 사회복지와 인간 중시적 가치   17

제2장 사회복지조직의 인간화   37

사회복지와 인간 중시적 가치

1. 사회복지와 문화적 가치

사회복지는 전통적으로 어려움에 부딪힌 사람들을 인도주의적으로 보살피는 도덕적 가치를 기틀로 시작되고 발전되어 왔다. 사회복지 돌봄은 원초적으로 도덕적인 것이다. 이러한 전통에 따라 우리는 사회복지를 실행하는 조직을 모름지기 인간 중시적으로 운영함을 사회적 의무로 삼고 있다.

사회복지조직의 돌봄 대상자는 가족, 이웃, 동포이기에 앞서 모두가 존엄성을 간직한 고귀한 사람이기 때문이다. 따라서 돌봄 서비스를 인간화(人間化)해 나가야만 한다.

사회복지조직(이하 조직)은 문화적 맥락과 맞물려 운영된다. 이 맥락을 꿰뚫고 흐르는 가치가 조직 운영에 크게 영향을 미치게 된다. 이 가치는 문화 속에 사는 사람들이 중요하다, 바람직하다, 올바르다고 믿는 강한 믿음을 말한다(Titmuss, 1976; Kahn, 1979). 이런 믿음, 가치를 기틀로 사회적 선택이 이루어진다. 이 선택에 따라 사회복지를 위한 목표의 우선순위가 정해지고, 이 목표를 추구할 조직이 구성, 작동하게 되는 것이다. 우리도 이러한 문화적 가치를 간직하고 있다.

이 한국적 가치를 밝혀 보고자 한다.

문화적 가치는 조직을 세팅으로 실행되는 돌봄 서비스에 지대한 영향을 끼치게 된다(Bradford & Burke, 2005; 이순민, 2016). 가치는 침윤성이 강하여 조직에 쉽게 스며들어 조직이 제공하는 돌봄의 방향과 방법을 선정토록 이끄는 지렛대 역할을 한다(Myrdal, 1958: 260-261; Titmuss, 1976).

사람을 존중하며 사랑하는 인간 중시적 가치는 바로 이러한 역할을 하는 우세한 가치다.

이런 가치를 교시한 분이 우리의 사회 윤리에 커다란 영향을 끼친 조선 유학의 중심 인물 퇴계 이황(退溪 李滉)이다. 퇴계는 일찍이 사람을 돌보는 데 필요한 요건으로 인간애(人間愛)와 인간존중(人間尊重)의 고귀한 가치를 교시했는데, 이 가치는 보편성이 뛰어나고 항구성이 짙어 사회적 변화에 따라 쉽게 변하지 않는다. 오늘날 우리 문화에서 발현돼야 할 고귀한 가치로서 상존하고 있다(『이황, 퇴계집』; 『성학십도』; 박종홍, 1960; 나병균, 1985; 금장태, 2001; 도성달, 2012;).

이러한 보편화된 인간 중시적 가치를 바탕으로 사회복지 제도와 정책이 수립되고, 이 정책을 실행할 조직을 운영하며, 이 조직을 세팅으로 돌봄을 실천하는 것이 마땅하다고 본다.

이 책에서는 퇴계가 제시한 이러한 가치가 현대 사람 봉사조직을 운영하는 데 참고할 수 있는 이념적 기틀이 된다고 보고 이 책의 각 장에서 인용, 논의하고자 한다.

2. 한국인의 전통적 인간 중시적 가치

사실 한국 문화에서는 위와 같은 사람을 중시하는 가치가 오랜 세월 동안 이어져 왔다. 한국은 서양문화 못지않게 사람을 중시하는 특유의 문화적 전통을 간직하고 있다. 이 전통은 홍익인간사상에서 발원하여 불교와 유교를 거쳐 동학과 기독교에 이르는 인간 중시 사상의 줄기찬 흐름으로 문화적 맥락이 이루어지고 있다.

홍익인간사상

우리의 인간 존중 사상은 건국 신화 정신이 표상하는 홍익인간 (弘益人間) 이념에서 발원한다. 이 이념은 보편적으로 사람을 사랑하고 존중하며 모든 인간의 이익과 번영을 공평하게 추구하는 것이 그 근본정신이다(백낙준, 1963; 손인수, 1992; 최문형, 2004).

[주: 홍익인간사상을 인류공영(人類共榮)이라는 뜻에서 민주주의의 기본 정신과 부합되며, 유교의 인(仁), 불교의 자비(慈悲) 및 기독교의 박애(博愛) 정신과 상통하는 전 인류의 이상으로 보고, 한국의 교육 이념으로 삼아 교육법 제1조에 그 조문을 설정해 놓았다(법률 4879호 교육법).]

불교의 자비

불교가 고창하는 자비는 순수한 인간애, 즉 사랑이다. 내 가족과 국가를 초월한 모든 것에 미치는 사랑이다.

불교의 비(悲)는 생명에 대한 무조건적인 존중을 나타낸다(최문형, 2004: 347; 권경임, 2009). 모든 생명을 차별 없이 존중하는 인간 중시 사상을 기본으로 하는 이타적 실천을 가르치고 있다(이중표, 2010).

유교의 인

불교와 나란히 오랫동안 조선인의 사고와 생활에 지대한 영향을 끼친 유교적 사상은 인(仁)에 기틀을 두고 있다. 인의 뜻은 다음 절에서 논하는 퇴계의 가르침에 담겨 있다.

동학의 인간관

동학의 인간관은 인내천(人乃天)과 사인여천(事人如天)에서 드러
난다. 인내천에서 인간 존엄성을 높이 받드는 사상을 찾을 수 있다
(유영익, 1992). 천(天)은 가장 높은 가치 체계 즉, 도덕과 윤리를
이룩하는 원리이며 이상이다. "인간이 곧 천이다." 즉 사람 섬기기
를 하늘을 받드는 것같이 하라는 이 말은 인간적 가치를 높이는 것
을 최고의 규범으로 삼고 있다(최문형, 2004). 이어 최시형의 사인
여천의 만민 평등 윤리는 시천주(侍天主)에서 일보 전진하여 인간
중시의 윤리적 원리를 고양하였다.

기독교의 박애

근대에 포교된 기독교는 아가페(Agape)가 가장 고귀한 사랑이며,
이는 곧 하나님의 사랑이다. 보편적이고 무조건적인 사랑이며 모든
인간을 위해 나를 바치는 능동적 사랑이다. 성서(聖書)는 이런 사랑
으로 인류를 위해 봉사하도록 다음과 같이 가르친다.

"주린 자에게 네 양식을 나누어 주며 유리하는 빈민을 집에 들이
며 헐벗은 자를 보면 입히며 또 네 골육을 피하여 스스로 숨지 아
니하는 것이 아니겠느냐"(이사야 58:7).

네 이웃의 어려운 사람을 네 몸과 같이 돌보아 주라는 가르침이
다. 뭇사람에게 베푸는 헌신적 사랑을 실행할 의무를 수행하라는
말씀이다. 이러한 아가페의 사랑으로 이웃 공동체 안에서 도덕적
형평성과 상호성을 발현하며 자비로운 구원을 넓고 깊게 실행해야

한다(김시우, 2008).

위에 서술한 바와 같이 홍익인간 이념에서 기독교 교의에 이르기까지 한국인의 인간을 존중하고 사랑하는 인간 중시적 사상의 줄기찬 흐름이 이어진다. 한국 사회 특유의 고귀한 인간을 사랑하고 존중하며 돌보는 문화적 맥락이 이뤄지고 있는 것이다(류승국, 1960: 136-137; 최문형, 2004: 27).

이 전통사상적 맥락에서 인간 중시 문화의 바탕을 공고히 하고 인간 존엄성에 대한 현대적 자각을 깨우치며 사회복지 돌봄을 실행하는 것이 마땅하다고 본다.

3. 퇴계의 인간 중시적 이념과 실천

조선(朝鮮)의 사회적 맥락에서 인간 중시적 이념을 정립하여 가족 및 사회 생활에 지대한 영향을 미친 인물로서 거유(巨儒) 퇴계(退溪 李滉)를 들 수 있다(박종홍, 1960; 채무송, 1985; 금장태, 2012).

퇴계는 인(仁 넓은 사랑)은 인간이 실현해야 할 가장 중요한 가치이며, 모든 착한 행동의 으뜸이고, 생활을 올바르게 이끄는 기본 도리라고 했다(『이황, 퇴계집』, 2003: 22, 89~94; 금장태, 2001: 13장).

인(仁)은 인간을 사랑하며 존중하는 데서 극치를 이룬다. 어질고 너그러운 성질(德性)이 충만한 가치다. 이러한 가치는 서로 사랑하고 존중하며 가족과 사회를 이룩하는 힘이 되어 왔다. 오늘날 IT기술이 발전한 산업 사회에서도 이 가치는 인간 관계・사회 관계의 윤리 도덕적 측면을 가르치고 판단하는 기준으로 기능하고 있다.

인간 존중 가치의 고양

퇴계는 하늘과 땅의 기를 받아 태어난 것 중에서 인간이 가장 귀하다고 했으며 더욱이 인간은 존엄(尊嚴)함으로 마땅히 존중받아야 함을 가르쳐 주었다(손인주 외, 1977: 123; 김낙진, 2004: 59).

[주: 인간 존중은 사회복지 돌봄을 하는 데 지켜져야 하는 윤리적 규범이다(한국사회복지사협회 윤리 강령, 2012; 일본사회복지사회 윤리 강령, 2006; U.S. NASW Code of Ethics, 2000).]

인간을 존중함은 그를 멸시하거나, 푸대접하거나, 억압하거나, 자유를 뺏거나, 생명을 해치면 아니 된다는 엄중한 뜻을 담고 있다.

퇴계는 먼저 부모를 존중하며 돌봄으로써 효(孝)를 행하고, 형제자매와 우애롭게 사귐으로써 제(悌)를 이루고, 이어 공동체의 뭇사람을 돌보는 공(公)을 실행하되, 이 모든 것을 공평하게 실행해야 함을 역설하였다. 이 경우 공평함은 "자신과 가까운 사람이나 먼 사람이나 모든 사람이 서로 사랑하고 서로 존중함으로써 실현되는 가치다"(도성달, 2012: 123).

퇴계는 인간은 '나'만을 위한 개인적 이득을 추구하는 데 얽매이지 않아야 하고, 부모 자녀가 서로 사랑하듯 다른 사람도 사랑하며 나누어 가지는 것이 올바른 도리임을 가르쳤다(『성학십도』, 서명). 퇴계의 다음 말은 가족원 사이의 사랑이 넓은 사회의 뭇사람에게 베풀어져야 함을 호소한 것이다(이황, 『성학십도』: 서명).

"백성은 나의 동포요, 사물은 나와 함께 사는 무리다. 나이 많은 이를 높이는 것은 천지의 어른을 어른으로 대접하는 것이다."

"외롭고 약한 이를 불쌍히 여기는 것은 천지의 어린이를 어린이로 대하는 것이다."

"천하의 파리하고 병든 사람, 고아와 자식 없는 노인, 홀아비와 과부는 모두 내 형제 가운데 어려움을 당하여 호소할 데 없는 자들이다."

사회적 약자는 모두 나의 형제이며 이들을 인간 중시적으로 돌봐야 함을 호소한 것이다. 이런 호소는 돌봄을 넓고 공평하게 뭇사람에게 베푸는 이타적(利他的) 공(公)의 가치를 나타낸다. 공은 '널리 베풀어 만물을 돌보아 구제함'이다(『이황, 퇴계집』, 201-202; 『성학십도』, 인설). 이렇게 공을 위한 돌봄은 사회적 계층을 초월한 보편성을 갖추었으며 인간 중시적으로 공동체의 이익을 추구하는 사상을 반영한다.

측은지심과 돌봄

퇴계는 측은히 여기는 마음은 인을 발현하는 방법임을 밝혔다(『성학십도』, 인설). 나의 가슴속에 가득 찬 남을 위한 측은한 마음이 관철, 유통되어 막힘 없이 두루 퍼지도록 함으로써 인(仁)과 일치할 수 있다고 했다(『성학십도』, 인설).

측은지심은 어려움에 처한 약자를 대가를 바라지 않고 마음속에서 우러나는 동정심으로 돌보려는 이타적인 돌봄 지향적 마음이다.

서(恕)와 돌봄

퇴계는 또한 서(恕)도 인을 베푸는 것으로서 다른 사람을 자신처럼 사랑하며 존중하는 방법이라고 했다(『성학십도』, 인설).

서는 "어진 자는 자기가 서고자 하면 남을 세워주고, 자기가 도달하고자 하면 남을 도달하게 함이다"(『논어』, 옹야, 30).

사람을 돌본다는 것은 사람들 사이에서 이루어지는 일종의 교환 관계다. 이 관계가 원만하고, 공평하게 서로의 욕구를 수용해서 이루어지도록 하는 힘 또는 가치가 곧 서라고 했다.

공(公)을 위한 돌봄

인(仁)을 발현하는 공(뭇사람)을 위한 돌봄, 즉 공익(公益)을 강조한 점은 퇴계의 가르침의 기틀을 이룬다.

다음은 퇴계의 공 사상을 구체적으로 알리는 말이다.

"인의 마음은 따뜻하게 남을 사랑하고 모든 것을 이롭게 하는 마음이며 사심 없이 이타적인 측은한 마음이다"(『성학십도』, 인설).

"나의 가족 내에서 어른을 섬겨야 하고 가족 밖에서는 다른 가족의 어른을 존경해야 한다."

위의 말은 퇴계의 인간애와 측은지심으로 가득 찬 인간 중시적 사상을 드러낸다. 하지만 사람들은 친소(親疎, 가깝고 먼 인간 관계)가 다르고 귀천(貴賤, 사회적 계층의 차이)이 다르다. 그러나 퇴계는 나만을 위한 사사로움에 얽매이지 않아야 하고, 한결같이 나

누어 가짐으로써 친근하고 따뜻한 관계를 이룸이 올바른 길이라고
했다(『성학십도』, 서명: 48).

공(公)을 위한 돌봄: 향약(鄕約)

퇴계가 공 사상을 사회 현장에서 실천에 옮긴 업적이 향약이다.
향약은 조선 시대 향촌 주민의 상호부조(相互扶助 서로 돌봄)를 실
행한 민간 주도 복지 사업이다. 사회적 계급을 초월하여 공평한 재
정적 원조와 사회적 돌봄을 제공해서 주민의 기초적 욕구를 충족한
공을 위한 사업이다. 이 사업의 기틀이 바로 퇴계가 창도한 효-제-
공을 사랑, 존중, 측은지심 및 서로 실천한 인간 중시 사상이다.

퇴계는 다음 7가지 사업을 실시하였다.

① 구난(救難, 화재나 도난 같은 갑작스런 어려움을 당한 자 지원)
② 질병구제(疾病救濟, 병든 자를 돌보아 살림)
③ 고약부양(孤弱扶養, 고아를 자립할 때까지 돌보아 줌)
④ 빈궁진휼(貧窮賑恤, 가난하고 어려운 자에 대한 물질적 지원)
⑤ 가취보급(嫁娶普及, 어려운 가정의 아들딸을 출가하도록 도움)
⑥ 사장조위(死葬弔慰, 초상을 당한 자에 대한 부조와 위문)
⑦ 사창경영(社倉經營, 곡식을 저장하여 식량이 필요한 약원에
　　대여)

위와 같은 사업을 실행한 향약의 준칙은 조선 사회의 서로 돌봄
을 촉진하는 이념적 및 실천적 강령이 되었다(나병균, 1985).

이러한 돌봄 사업은 오늘날 사회에서도 적용할 만한 사회복지사
업의 틀을 갖추었다고 볼 수 있다. 이 틀은 아동, 고령자, 장애인,

독신자, 빈곤자를 포함한 향촌 주민을 위한 포괄적 돌봄을 제공하는 방법과 절차로 짜여 있다. 인간 중시적 사회복지의 역사적 범례를 이룬 것이다. 조선의 사회 문화적 토양에서 생성한 위와 같은 실천 모범은 한국적 사회복지에 관한 생각과 행동을 인도하는 지렛대 역할을 할 수 있다고 본다.

한국인의 정(情)과 돌봄

한국인은 위와 같은 문화적 맥락에서 인간 관계를 유지하는 데 정(情)을 발현하는 특성을 간직하고 있다. 한국인의 정은 사람들과의 유대감을 조성하며(임태섭, 1994: 18), 강한 친밀감을 갖게 하고, 따스하고, 계산하지 아니하고, 보답을 요구하지 아니하며 서로 간에 동시에 발생하는 호의적 심리다(임태섭, 1994: 24).

정은 서로 돌보아 주려는 의지를 담고 있다. 정을 주는 사이에서는 상대방이 직면하는 문제에 대해 염려하며 개입하려는 경향이 짙다(이수원, 1984: 104). 그래서 정은 돌봄(보살핌, care)을 내포하고 있다(임태섭, 1994). 더욱이 상대방에 대한 존중과 애정 그리고 측은지심을 주로 담고 있어 인간 관계를 이루고 지속하는 데 필수 요소가 된다(윤태림, 1970). 정은 우리 민족 나름대로의 인간 존중 정서다. 이러한 정은 우리의 인간 중시적 관계를 조성해 주는 문화적 가치의 주요 부분을 이루고 있다.

4. 사회복지에 스며드는 인간 중시적 가치

위에서 논한 우리의 인간 중시적 가치는 조직의 돌봄 활동에 쉽게 스며들어 돌봄 방법 및 절차에 영향을 끼치고 있다고 본다. 가치는 스며드는 성질, 즉 침윤성(浸潤性)이 강하기 때문이다.

다음 세계적 석학의 말은 문화적 가치의 강한 침윤성을 알려 준다. G. Myrdal(1958: 260-261)은 그가 행한 사회 조사에서 가치의 선택이 자료 수집 작업에 앞섰다고 고백했다. 사회 조사에서는 보통 조사 후 수집된 자료를 바탕으로 가치를 지지하거나 도출한다. 그런데 Myrdal은 그의 미국 흑인에 관한 연구에서 흑인의 입장을 옹호하는 'American Creed'(미국인은 법 앞에서 동등한 기회를 가져야 한다는 가치)를 연구 발판으로 작정해 놓고 나서 조사에 착수했다는 것이다. 가치 설정이 조사에 앞선 것이다. 그리고 그의 미국의 대공황(Great Depression) 연구에서도 '공황을 어떻게 하면 예방할 수 있는가'라는 바람직한 목표, 즉 가치를 앞세우고 접근했다고 토로했다. 이 대학자의 조사에서 가치가 이와 같이 자료 수집에 앞서 설정된 것이다. 이 사실은 그러한 가치가 이 분의 마음속에 스며들어 있어 이의 실현을 바라면서 그 조사를 가치 지향적으로 진행했음을 드러낸다.

위와 같은 석학의 고백을 고려하면, 우리가 이어받은 사람을 중시하는 문화적 가치는 이미 우리의 믿음과 행동에 스며들어 있어 사회복지의 이념적 기틀을 이루어 실행에 영향을 끼치고 있음을 가히 감지할 수 있다.

저명한 사회복지정책 연구자들은 복지 국가가 안정되게 발전하기 위해서는 대다수 사람이 보편적으로 받드는 가치에 사회복지의 기틀을 두어야 한다고 단언한다(Kahn, 1979; Jansson, 2013). 이러한 기틀이 되는 우리의 인간 중시 가치는 돌봄이 실행되는 사회복지조직 세팅에서 발현돼야 하는 것이다.

5. 고객 존중: 사회복지 돌봄의 시발

고객의 존엄성을 높임

사회복지의 목적은 생활이 어려운 사람을 포함한 모든 사람이 개인적으로 만족스럽고 사회적으로 바람직한 방도로 생활하도록 인간 중시적 돌봄을 제공하는 것이다(양옥경, 2017; 한동우, 2014; Hasenfeld, 1997, 성규탁 역). 이러한 목적을 실현하는 데는 무엇보다도 사회복지 돌봄의 대상인 고객의 존엄성을 받들어야 한다. 돌봄을 제공하는 데 지켜야 하는 기본 원칙은 사람이 태어나면서부터 간직하는 존엄성을 높여 주는 것이다. 고객은 고귀한 사람이므로 이런 도덕적 원칙에 따라 인간 중시적으로 돌보아져야 하기 때문이다.

다음 경전에 실려 있는 말은 인간은 존귀함으로 존엄성을 마땅히 받들어 주어야 함을 가르치고 있다.

"천지의 기(氣)를 받아 생겨나는 것들 중에서 인간만큼 귀한 존재는 없다. 이 귀한 인간을 위한 행위 중에서도 존중하는 것이 제일 중요하다"(『효경』, 성치장).

사람의 존엄성을 받든다 함은 그를 고귀한 사람으로 대하고, 그의 의견과 소망을 중요시하고, 그의 자기 존중감을 높여 주며, 그가 어려울 때 도와 주는 것이다. 그를 멸시하거나, 값이 없고 귀찮은 존재로 보거나 방치 상태에 놓아둘 때 존엄성은 훼손된다. 윤리 학자들은 사람의 매우 중요하며 간절한 욕구는 존중을 받는 것이라고 한다. 즉 존엄함을 인증받는 것이다(Downie & Telfer, 1969; Ghusn et al., 1996).

사회복지조직의 돌봄 세팅에서 고객을 존중함은 돌봄의 시발점이라고 믿는다(Sung & Dunkle, 2009; 양옥경, 2017). 존중함은 고객을 처음 접수할 때부터 돌봄이 진행되는 전 과정을 통해 실행해야 하는 요건이다. 존중함으로써 돌봄 제공자(이하 제공자)는 고객에 대해 긍정적 태도를 간직하면서 그를 소중한 사람으로 대할 수 있다. 제공자로부터 존중받는 고객은 자기 존중감을 높이고, 자신을 쓸모 있는 사람이라고 여기며, 그의 문제를 제공자에게 솔직히 토로하고, 조직에서 진행되는 돌봄 과정에서 제공자와 협조적 관계를 이루게 된다(Damon-Rodriguez, 1998; Sung & Dunkle, 2009).

따라서 존중은 고객을 인간 중시적으로 대할 뿐 아니라 그와 제공자 간의 생산적인 관계를 조성하는 긍정적 결과를 이룰 수 있다. 다시 말해서 제　공자는 고객을 존중함으로써 그와의 관계를 긍정적인 방향으로 발전시켜 나갈 수 있다. 존중되는 고객은 조직 세팅과 돌봄을 받는 과정에서 바람직한 서비스 결과를 이루도록 제공자와 협조하게 되기 때문이다.

연구 조사에 따르면 고객은 사회복지사가 실제로 고객에게 제공한 돌봄 자체보다도 존중을 받는 것이 더 값있는 것으로 보는 경향이 있다(Gibbard, 1990; Sung & Dunkle, 2009). 존중은 돌봄의 전 과정을 통해서 발현돼야 하지만, 특히 새로 맞이하는 고객을 대할 때 실행해야 할 요건이다. 첫 인터뷰를 하는데 우애로운 태도와 함께 존중해 주는 것이 돌봄의 필수적 요건이라고 보고 있다(Dillon, 1992; Gambrill & Gibbs, 2017). 고객과의 긍정적 상호 관계를 이뤄가는 데 중요한 계기가 되기 때문이다.

돌봄을 옳게 하기 위해서는 제공자의 지식과 기술만을 가지고는 부족하며, 그의 마음속에서 우러나는 사람을 존중하는 정(情)이 발현되어야 한다(최상진, 김기범, 2011; Sung & Dunkle, 2009; Rogers, 1961). 다시 말해서 고객을 돌보는 데 지켜야 할 기본 원칙은 그의 존엄성을 받드는 것으로서 이 원칙은 조직 세팅에서 제공자가 실행해야 할 윤리적 원칙이기도 하다.

6. 고객·제공자 간 대면적 상호 관계

다행히 인간 중시적 가치를 돌봄 과정에서 고객에게 발현하는 것은 사회복지 전문직의 도덕적인 규범으로 되어 있다.

사회정책연구의 선구자 R. Titmuss(1976)는 다음과 같이 정의하였다.

"사회복지는 사회적 가치와 인간 관계에 관한 것이다."

이 말은 사회복지는 사회의 보편화되어 있는 가치를 바탕으로 고객과 제공자 간의 인간적 상호 관계를 이루어 실행돼야 함을 지적한 것으로 해석할 수 있다.

사회복지 전문직이 사람을 존중하며 지원하고, 가족과 사회의 문제를 예방, 치유해서 생의 질을 향상하여 사회 정의를 지키는 과업은 바로 이런 가치를 실현함으로써 이루어지는 것이라고 본다. 고객을 돌보는 방법을 선택하는 데 이런 가치가 지렛대 역할을 하게 된다(Mehr & Kanwischer, 2004; 양옥경, 2017; Blomberg, 2020).

사람을 돌보는 데 사용되는 돌봄 방법은 신발이나 책상을 만드는 데 사용되는 기술과 같을 수 없다. 따라서 조직의 관리자와 제공자는 다음 두 가지의 상호 연관된 과제들을 신중히 다루어야만 한다(Hasenfeld, 성규탁 역, 1997).

첫째, 사람을 돌보기 때문에 돌봄 방법에 인간 중시적으로 존엄성을 받드는 도덕적 가치(道德的 價値)가 반영돼야 한다.

둘째, 제공자와 고객 간의 바람직한 인간관계(人間關係)가 이루어져야 한다.

고객은 다양한 속성을 지니며 이들의 돌봄에 대한 반응은 각자 다를 수 있다. 게다가 돌봄(개입)과 돌봄 결과(효과) 간의 상관 관계 입증이 쉽지 않다. 사람의 문제가 복잡하여 개입 기법의 효과성을 정확하게 측정, 파악하기가 어려운 경우가 많기 때문이다. 이런 문제 때문에 조직의 돌봄 서비스를 평가하는 데 고객과 제공자 간의 인간 관계, 즉 대면적 상호 관계가 매우 중요한 변수로 떠오른다. 이 사실을 인식하여 제공자는 고객의 존엄성을 받들면서 인간 중시적 상호 관계를 이루면서 도덕적으로 돌봄을 제공해야 하는 것이다.

7. 인간 중시적 윤리

위에 제시한 사회복지를 위한 도덕적 돌봄은 조직 세팅에서 이루어진다. 즉 이 세팅에서 돌봄을 제공하는 데 고객·제공자 간 상호 관계가 중요한 요인으로 작용하게 마련이다. 제공자의 고객에 대한 마음씨와 행동이 이 관계를 이룩하는 데 커다란 영향을 끼칠 수 있다. 제공자가 고객에게 인간 중시적 가치를 발현하느냐 않느냐의 선택 문제가 제기되는 것이다. 이러한 선택을 하는 데는 마땅히 윤리가 개입되어야 한다.

개인적 자유와 평등 사상에서 윤리 문제를 끌어낸 서양 나라와 달리, 한국을 포함한 유교 문화권 나라의 윤리는 가족적 관점에서 그리고 인간 대 인간의 인간 관계적 차원에서 근거를 찾는다(윤성범, 1975; 손인수 외, 1977; 김낙진, 2004: 62~63).

[주: 앞서 인용한 Titmuss의 사회복지는 사회적 가치와 인간 관계에 관한 것이라는 제언을 참조할 수 있음.]

이러한 윤리는 제공자가 개입 대상인 개인, 집단 및 지역사회와 상호 관계(인간관계)를 유지하는 데 지켜야 하는 원칙을 이루게 된다.

위의 논의를 참조하여 제공자가 조직 세팅으로 인간화된 돌봄을 제공하는 데 지켜야 할 윤리적 원칙으로 다음을 들 수 있다.

* 고객을 존중한다(존엄성을 받든다).

* 고객을 정(情)으로 대한다.
* 고객을 측은지심으로 돌본다.
* 모든 고객에게 성별, 사회적 계층 및 종교적 차이에 상관없이 공평성이 깃든 돌봄을 제공한다.

이러한 기본적 원칙에 이어 다음을 지켜야 할 것이다.

* 고객의 자기 결정을 존중한다.
* 고객의 사비밀을 지킨다.
* 고객에게 개입 방법 및 절차를 알려 준다.
* 조직을 고객의 긍정적 변화를 이룩하도록 이끈다.

위와 같은 원칙에 따라 돌봄을 공평성 있게 인간 중시적으로 제공함은 다음과 같은 퇴계의 이일분수(理一分殊)의 원리를 실현하는 것이라고 볼 수 있다(『성학십도』, 서명; 도성달, 2012: 123).

즉 자신과 가까운 사람이나 먼 사람이나, 친밀한 사람이나 모르는 사람이나, 은혜를 입은 사람이나 아닌 사람이나 모든 사람을 공평하게 대우하는 원리다. 배경이 다른 여러 고객을 돌보는 데 있어 지켜야 할 규율로서 퇴계의 위 원리를 생각하게 한다. 이 원리는 사람을 돌보는 데 지켜야 하는 윤리적 근본을 가르쳐 준다고 본다.

퇴계의 다음 말은 이러한 원리를 뒷받침한다.

"돌봄이 필요한 사회적 약자인 개인, 집단, 공동체의 어른과 어린이는 모두 나의 형제이며, 이들을 마치 나의 친족과 같이 사랑으로 돌보아야 한다"(이황, 『성학십도』, 서명).

퇴계의 인(仁)에 대한 다음 정의를 보면 그의 이러한 호소에 담겨 있는 깊은 인간 중시적 정을 이해할 수 있다.

"인의 마음은 따뜻하게 남을 사랑하고 모든 것을 이롭게 하는 마음이며, 사심 없이 이타적인 측은한 마음이다"(이황, 『성학십도』, 인설).

조직을 세팅으로 제공되는 돌봄은 마땅히 우리가 숭앙하는 위와 같은 가치를 발현하면서 전달돼야 할 것이다. 이러한 가치의 발현은 앞서 조명한 홍익인간 이념에서 기독교 교의에 이르는 전통적 인간 중시적인 문화적 맥락에서 이루어지며 한국인의 정이 더불어 깃든 것이다.

조직은 모름지기 위와 같은 우리의 전통적 가치를 받들며 다수 돌봄 세팅에서 다수 고객에게 제공하는 다공화된 돌봄을 인간화하는 과제를 슬기롭게 감리, 실행해 나가야 할 것이다. 사회복지 행정이 풀어나가야 할 시대적 과제다.

사회복지조직의 인간화

1. 한국의 인간 관계 중시적 문화

사회복지조직은 앞장에서 논한 한국의 인간 중시적인 문화적 맥락에서 돌봄을 전달하고 있다. 유교 사상은 오랜 세월에 걸쳐 한국인의 생각과 행동에 지대한 영향을 끼쳐 왔다. 이 사상의 중심인 인(仁)은 인간애·인간 존중을 담고 있는 인간 중시적 가치로서 한국인의 사고 방식과 행동 양식을 조성(造成)해 왔다.

퇴계의 다음 정의를 보면 이러한 인의 뜻을 이해할 수 있다.

"인은 따뜻하게 남을 사랑하고 모든 것을 이롭게 하는 측은한 마음이다"(이황, 『성학십도』, 인설).

다른 사람을 사랑하기를 나를 바쳐 한다는 것이다. 넓은 사랑의 발현으로서 '널리 베풀어 만물을 구제함'을 뜻한다(『이황, 퇴계집』: 차자, 인설). 사회 계층을 초월한 보편성을 갖추었으며 온정주의적으로 공동선(共同善)을 추구하는 사상이다. 이러한 인을 발현하는 마음이 곧 측은지심(惻隱之心)이다. 측은지심은 어려움에 처한 사람을 딱하게 여겨 돌보아 주려는 어진 마음이다. 남이 배고프면 자기도 배고픔을 느껴 그에게 먹을 것을 주려 하고, 남이 물에 빠지면 뛰어들어 건져내려 하는 남에 대한 사랑과 애처롭게 여김이 가슴속에서 저절로 흘러나와 그만둘 수 없으며 그 보답을 구하지 않는다(『성학십도』, 인설; 맹자, 공손추 장구 상 5).

인이 발하여 사랑함(慈愛)과 존중함(恭敬)의 정(情)이 되는데, 여기서도 측은히 여기는 마음이 관통되지 않는 것이 없다(『성학십도』,

인설). 그래서 측은지심은 사람을 돌보려는 깊은 덕성을 나타내며 돌봄의 인간 중시적 측면과 상통한다.

사람을 돌본다는 것은 사람들 사이의 교환 관계를 통해서 이루어진다. 이 관계가 원만하고, 공평하며, 안정되게 서로의 욕구를 수용해서 이루어지도록 하는 힘 또는 가치가 곧 퇴계가 중시한 인을 베푸는 서(恕)다(이황, 『성학십도』, 인설).

서는 '내가 원하는 것을 남에게 한다', '내가 서고자 하는데 남을 세운다'와 같은 공평성이 깃든 인간 관계를 지향하는 이타적 덕행이다. 서는 우리가 오랜 역사를 두고 지켜 온 예절(禮節)의 기본 방법이기도 하다.

인간 중시적 문화에서는 위와 같은 측은지심과 서로써 가족을 비롯한 뭇사람이 서로에게 관심을 가지고 서로 의존하면서 서로 돌보는 인간 관계를 중시하는 성향이 짙다. '나'의 이기심을 이기고 '남'과 함께 어울리면서, 사사로운 나(私)를 깨뜨리고 뭇사람(公)을 포용하는 윤리적 원칙을 따르는 것이다(금장태, 2001: 192).

사람이 마땅히 지켜야 하는 5가지 윤리인 오륜(五倫)은 부자 관계, 노소 관계, 부부 관계, 친구 관계, 지배자·피지배자 관계에서 위와 같은 인의 발현인 인간 존중과 인간애를 발현할 것을 강조한다. 특히 부모 자녀 관계에서 인(仁)-존중·사랑-을 측은지심과 서로서 발현하는 효는 한국인의 인간 중시적 관계를 조정하는 윤리적 및 도덕적 가치로서 오랜 세월 동안 영향을 미쳐 왔다.

이런 가치는 부모 자녀 관계에서 시발하여 이웃, 사회, 국가의 뭇사람(공)과의 상호 관계에 넓게 영향을 미치게 된다. 인의 발현이 사적 관계에서 공적 관계로 확장되는 것이다(『성학십도』, 서명).

이러한 한국인의 인간 중시적인 문화적 특성을 감안하여 조직의 관리자와 제공자는 고객과의 돌봄 관계에서 이 특성을 슬기롭게 발현해야 할 것이다.

'우리' 속의 인간 중시적 관계

한국인의 인간 관계에서 일어나는 중요한 현상은 위와 같은 문화적 맥락에서 '우리' 집단을 구성하고 유지하는 것이다. 가족은 우리를 이루는 기틀이 된다. 부단히 다른 사람을 우리 관계 속에 포함시키고 우리 속에 포함된 사람들 간의 우리성 관계를 강화하는 것이 곧 인간 관계의 일차적 기본 축이 된다(최상진, 2012: 117-125).

한국인의 이런 인간 관계를 더욱 인간적으로 이끄는 가치가 앞에서 거론한 정(情)이다. 정은 우리를 이루는 접착제 역할을 한다. 정은 장기간에 걸친 접촉을 통해서 가랑비에 옷이 젖는 것처럼 자신도 모르게 서서히 쌓이는 것이며 일단 든 정은 떨어지기 힘들다.

한국인의 정의 발달은 부모의 자녀 양육 방식과 가족 관계의 특성에서 그 배경을 찾아볼 수 있다. 한국 가족은 정으로 뭉쳐진 집단이다. 부모는 자녀에게 무한한 정을 주며 자기 자신과 동일시하며 자식을 위해서 살고 자식을 위해서 희생한다. 가족 사이에 끊임없는 동질성, 하나 됨, 상호 의존, 상호 보호를 실현하는 이상적 관계가 이루어진다(최상진, 김기범, 2011: 56).

'우리' 관계는 이러한 정을 바탕으로 한 심정 관계다. 이 관계에서는 서양의 개인주의에 적합한 행동 중심적, 객관적, 합리적 마음이 억제된다. 오히려 정 중심적이고 상대를 배려하는 마음, 측은지심과 서가 주도하는 상호 관계의 틀이 작용한다(『퇴계집』, 무진육

조소 6). 한국인의 인간 관계는 위와 같은 인을 기틀로 하는 문화적 맥락에서 정으로 뭉쳐진 우리 속에서 이루어지는 인간 중시적 특성을 갖는다.

호혜적 인간 관계

이 세상의 모든 일과 물건은 서로 의존하면서 서로 영향을 미치고 있다. 즉 모든 것은 상대적으로 구분되지만 서로 의존하는 관계를 맺고 다른 것의 쓸모가 됨에 그 본질적 값이 있다고 본다. 즉 다른 것의 삶에 기여함으로써 나의 존재 이유를 갖게 되는 것이다 (김낙진, 2004).

이런 도리를 유교 철학자 두웨이밍(杜維明)은 다음과 같이 해설하고 있다.

"나의 이해 관계는 내가 대화를 하는 모든 사람을 표용하며 이들과의 관계망 속에 들어 있다. 나를 둘러싸는 사람들의 동정적인 이해 없이는 나의 이득을 최대화할 수 없다. 나의 자치감은 나의 주변 사람이 나의 존재를 인증해 줌으로써 가질 수 있는 것이다"(Tu, 1995).

그렇다면 개인 및 가족은 배타적 이익을 추구하는 대신 뭇사람으로 이루어진 커다란 천하의 일원임을 염두에 두고 도덕적 공동체가 되도록 노력해야 함은 자명한 일이다.

이런 가치에 바탕을 둔 유교 윤리는 개인 위주적 이해타산을 초월하여 이웃, 사회, 국가-공(公)-에 대한 배려, 즉 공익을 위한 행동을 해야 함을 지시하고 있다. 퇴계는 공을 이루는 뭇사람의 사회적 관계를 호혜적(互惠的 서로 돌봄을 주고받는) 관계로 해석하였다. 그는 뭇사람이 가슴속으로부터 일체감을 느끼며 살 수 있는 사회를 꿈꾸며, 그것은 타인에 대한 사랑과 의롭고자 하는 마음에서 가능성을 찾아야 한다고 했다. 한 국가의 성원들이 한 가족처럼 서로 헌신하고, 서로 베풀고, 서로에게 애정과 보답의 감정을 가지고 호혜적으로 살아가는 것이 그분의 이상 사회였다(『퇴계집』, 무인육조소).

이러한 인간을 존중하고 사랑하며 측은지심으로 베푸는 인의 사상은 유학자의 사회관이 되었다. 이들은 이 사상에 따라 개인적 이득을 나타내는 이익(利益)이나 공리(功利)라는 말을 기피한다. 그 대신 이타적 행동인 양보, 헌신, 베풂이 그들이 즐겨 쓰는 말이 되었다.

2. 사회복지 돌봄과 인간 중시적 가치

위와 같은 인간 중시적인 문화적 특성은 조직이 돌봄을 실행하는 데 영향을 미치게 마련이다. 사회복지의 궁극적 가치는 모든 사람으로 하여금 개인적으로 만족스럽고 사회적으로도 바람직한 방도로 잠재성을 실현토록 도와주는 인간 중시적 믿음이며 개인과 뭇사람-우리-의 복리를 이루는 데 무게를 두는 도덕적 원칙이다.

이러한 원칙은 조직 세팅에서 제공자인 사회복지사가 돌봄을 제공하기 위해 접촉하는 개인 및 집단과 상호 관계를 유지하는 데 지켜야 하는 가치로서 자리 잡는다.

제공자는 고객 돌보는 방법을 여러 가지 대안을 두고 선택하게 된다. 조직 세팅에서 고객을 돌보기 위한 다양한 방법과 절차를 선정하는 것이다. 이 선택을 하는 데는 가치적 요인이 개재되기 마련이다. 전술한 바와 같이 사회복지의 기본적 가치는 사람의 존엄성을 받들어 인간 중시적 돌봄을 제공하려는 신념이다(양옥경, 2017; Jansson, 2013).

하지만 돌봄을 제공하는 현대 조직(시설)은 일반적으로 인간 중시적 돌봄을 제공하는 데 어려움이 있다는 공론이 제기되고 있다. 공공행정학의 석학 오석홍 교수(2016: 536)는 한국의 사회 조직은 통제 지향적이고 조직 운영자 중심으로 운영되며 고객의 요청에는 둔감하다고 비판했다. 이러한 비판을 받아들여 인간 중시적 조직을 구성, 운영하는 것이 조직 연구에서 우선적으로 다뤄지고 있다(성규탁, 2003; 신환철, 1995; Perrow, 2014).

인간 중시적 시각을 가진 연구자들은 조직 성원들이 상호 존중하며 상호 소통하여 상호 지지하는 민주적 인간 관계를 이루는 조직 구조를 중요시한다(오석홍, 2016; Likert, 1987). 이들은 이런 조직 구조가 인간 중시적으로 조직을 운용하는 데 합당하다고 해석한다(유종해, 이득로, 2015; 조석준, 1994).

인간 중시적 가치를 실현하는 조직을 선호하는 경향은 민주주의를 신봉하는 여러 나라에서 현저하게 나타나고 있다. 일찍이 하버드대학의 E. Mayo(1933) 교수는 전화기 제작 공장에서 작업장의 조명(밝음과 어둠의 변화), 환기(실내 온도, 습기 등의 변화), 청결, 장애물 제거 등과 같은 물리적 조건보다도 종업원들 간 그리고 감독자와 종업원 간의 인간 관계(서로 간의 의사 소통, 서로에 대한 관심, 존중, 친목 및 화합, 서로에 대한 지지)가 업무 실적(성과, 생산성)을 올리는 데 더 긍정적인 영향을 미친다는 사실을 발견하였다. 즉 조직 내 사회적 요인이 업무 수행에 더 많은 영향을 끼친다는 것이다.

이어 자유 세계의 저명한 연구자들이 조직 내 인간 관계에 관한 조사 연구를 해 이에 관한 경험적 자료를 대량 산출하였다. 이 자료가 밝히는 주요한 사실은 조직의 관리자와 성원 간에 존중하며 지지하는 인간 관계가 이루어지면 급기야 업무 실적을 올리게 된다는 것이다(Likert, 1987; Hasenfeld, 성규탁 역, 1997).

위와 같은 인간 관계를 다룬 조직행정과 관련된 연구는 마침내 인간 관계론(人間關係論)의 대두를 보게 했다.

고객과 조직 성원 간 인간 관계

인간 관계론의 초점은 조직의 관리자와 성원이 서로 존중하며 호의적으로 지지하는 인간 관계를 이루어 성원의 작업 동기를 유발함으로써 조직의 업무 실적을 높일 수 있다는 데 있다(Hasenfeld, 성규탁 역, 1997: 32~42; Likert, 1987).

인간 관계론은 마침내 사회복지 돌봄을 제공하는 조직에 대한 연구로 확장되어 조직 세팅에서 돌봄 제공자와 돌봄을 받는 고객 간의 인간 관계를 중시하는 이론을 정립하게 되었다. 이 이론의 핵심은 조직 운영에 참여하는 관리자와 제공자가 도덕적 돌봄을 지향하는 인간 중시적 가치를 발현하는 것이다.

이러한 가치는 다시 말해서 홍익인간 사상에서 시발하여 기독교 사상으로 이루어진 문화적 맥락에서 인을 측은지심·서로서 실행하는 접근과 상통하는 것이다.

3. 고객에 대한 인간 중시적 접근

조직 세팅에서 고객의 존엄성을 받들며 인간화된 돌봄을 제공함은 제공자가 지켜야 할 도덕적인 의무다(양옥경, 2017; Towle, 1965). 사람이 존엄하다 함은 그가 존엄성을 간직하는 사람으로서 귀중하게 여겨지면서 존중돼야 한다는 것이다. 그에게 관심을 가지고, 그를 이해하고, 그의 어려움을 딱하게 여기며 돌보아 주려는 행동이 따라야 한다(Rogers, 1977; Downie & Telfer, 1969). 사랑과 존중으로 충만한 인이 발현되어야 한다. 따라서 사람을 업신여기고, 귀찮은 존재로 보고, 그의 어려움을 무시하는 데서는 이러한 가치가 발현되지 못한다.

중요한 점은, 앞서 지적한 바와 같이, 사람(제공자)이 사람(고객)을 다루는 순전한 인간 대 인간의 상호 관계 속에서 돌봄이 진행된다는 사실이다. 사람(인간)이란 주제에 관심을 가지는 이유는 다음과 같은 조직의 공통된 문제가 흔히 발생하기 때문이다.

돌봄을 받는 고객(인간)을 업무 실적을 달성하기 위한 도구로 보는 시각을 갖는 경우가 흔히 엿보인다. 뿐만 아니라 고객을 무시하고, 차별하며, 학대하는 비인간적 처우를 하는 불상사도 일어난다. 이런 바람직하지 못한 사례는 돌봄의 지상 목표인 인간 존엄성 가치를 받드는 데 부정적 영향을 미친다. 관리자와 제공자는 고객에게 미칠 수 있는 이러한 비인간 중시적 처우를 억제하는 데 주력해야 한다.

고객을 접근하는 데 유의해야 할 사항

돌봄을 받는 고객은 폭넓은 사회적 배경을 가진 존엄한 인격자다. 돌봄을 받기 위해 조직(시설)을 방문하는 고객에게 제공자가 어떠한 도덕적 평가를 하느냐에 따라 적용되는 개입 방식이 달라질 수 있다.

사람을 상대로 돌봄을 행하는 데는 고도의 불확실성이 개재되기 마련이다. 사람의 속성은 자연과학의 경우와 같이 세분화하거나 분리, 절단해서 해석할 수 없다. 사람은 다양한 사회 심리적 및 환경적 변인으로부터 영향을 받기 때문이다.

개입에 대한 고객의 반응은 일관되지 못하고 고객마다 다를 수 있다. 돌봄 결과에 대한 불확실성과 예측 불가능성은 피하기 어렵다. 게다가 고객을 둘러싸는 유동적인 환경의 영향까지 겹치게 되어 불확실성은 더해진다.

이러한 맥락에서 개입과 개입 결과 간의 인과(因果) 관계를 입증하기가 어렵다. 같은 개입 기법을 사용해도 고객마다 결과가 다를 수 있다. 이런 특성을 가진 사회복지 돌봄 기법은 산업 조직이 사용하는 기술과 다르다. 사람을 작업 대상으로 하기 때문이다.

따라서 제공자인 사회복지사는 제1장에서 제시한 다음 두 가지 상호 연계된 과제를 신중히 다루어야 한다.

첫째, 사람을 대상으로 하기 때문에 돌봄 기법에 도덕적 가치가 반영돼야 하고, 둘째, 제공자와 고객 간의 대면적 상호 관계를 바람직하게 이루어야 한다. 이 두 가지 과제가 사회복지 돌봄의 특성을 이룬다.

이런 맥락에서 제공자가 적용하는 돌봄의 목표와 방법 및 절차는 그와 조직이 고객에 대해 어떠한 도덕적 평가를 내리느냐에 따라 정해지는 심각한 결과를 자아낸다. 그의 개인적 가치관이 크게 작용하는 것이다. 예를 들어 병원 응급실에서 의사들이 고령 환자보다도 젊은 환자가 사회적으로 더 중요하단 이유로 이들을 위한 치료에 병원의 자원을 우선적으로 투입한다는 방침을 세우는 경우를 생각해 볼 수 있다. 이 경우 응급실 요원의 가치관이 응급 환자를 다루는 데 커다란 영향을 끼치기 마련이다. 더욱 중요한 사실은 이렇게 다루는 방식이 병원 조직이 규정한 정책과 협치되는 경우에는 이런 차별적인 환자 취급은 정당화되는 것이다.

불확실한 돌봄 기법과 가치의 개재

사람의 속성을 변화시키기 위해서는 과학적 지식에 바탕을 둔 돌봄 기법이 필요하다. 그러나 사회복지 돌봄의 기틀이 되는 지식은 전술한 바와 같이 아직도 불완전한 점이 많다. 인간 속성의 복잡성 및 변화성과 이에 대한 관찰과 측정이 어려우므로 인간의 생물학적, 심리적 및 사회적 기능에 관한 지식에는 아직도 불확실한 점이 많다.

이러한 맥락에서 위에 지적한 바와 같이 제공자가 고수하는 가치관이 고객을 다루는 데 중요한 작용을 하게 된다(양옥경, 2017; Sung & Dunkle, 2009; Bradford & Burke, 2005). 게다가 환경적 요인의 불확실성이 겹쳐 개입 결과가 과연 돌봄으로 인하여 발생했는지 판정하기가 어려운 경우가 있다. 이 경우 소위 자연적 정상소멸 형상이 나타날 수 있다. 즉 돌봄을 제공하지 않았는데 바람직한 결과가 나는 것이다.

이러한 사실을 감안하면 돌봄의 효과성을 입증하기란 쉬운 일이 아니다. 공식적으로 제공자는 조직의 실천 이념을 발판으로 고객에게 돌봄을 제공하게 되어 있다. 이 이념은 조직의 도덕적 자세를 나타낸다. 하지만 제공자가 고객의 인간특성을 어떻게 보느냐에 따라서 특정한 돌봄이 제공되기도 한다. 그의 개인적 가치관이 개재되는 것이다. 이런 맥락에서 조직의 이념과 제공자의 실천이 협치되지 않을 수 있다.

그래서 제공자는 고객과의 상호 작용에서 상당한 자유 재량을 발휘할 수 있다. 고객의 인성(人性)과 문제에 대한 자신의 견해에 따라 자기 편의 위주로 돌봄을 실천할 수 있는 것이다. 돌봄 과정에서 공정성을 희생하면서 그의 개인적 자유재량권 행사를 정당화할 수 있다.

대면적 상호 작용과 돌봄의 인간화

전술한 바와 같이 돌봄은 제공자와 고객 간의 대면적 상호 작용에 바탕을 두고 전달된다. 이 상호 작용의 형식과 내용은 다시 말해서 돌봄 기법의 선택과 적용에 커다란 영향을 미칠 수 있다.

사람에게 봉사하는 데 있어 제공자가 지켜야 할 필수 요건은 그의 존엄성을 받들어 온정으로 돌보아 주는 것이다. 봉사를 옳게 하기 위해서는 지식과 기술만을 가지고는 부족하며, 마음속에서 일어나는 인간적인 측은지심과 정(情)이 깃들어야 한다.

심리 치료의 원조 C. Rogers(1961: 82)는 치료자가 고객을 수렴하는 심정을 가지고 고객을 존중할 것을 강조하며 고객에게 따뜻하고 긍정적이며 애정에 찬 반응을 보여야 함을 강조하였다. 이렇게 수렴된 고객은 안심하며, 긴장을 풀고, 어려움에서 오는 공포를 줄이게 된다는 것이다. Rogers는 이런 관계를 이루는데 고객에 대한 존중과 아울러 깊은 애정이 따라야 함을 아래와 같이 강조하였다.

"We know that if the therapist holds within himself attitudes of deep respect and full acceptance for the client as he is ..... if these attitudes are sufficed with a sufficient warmth, which transcends them into the most profound type of liking or affection ..... (Rogers, 1961: 74-75).

사회사업실천기법 연구의 대가 Gambrill(1983, 2017)도 사회사업가들은 고객에 대한 존경의 중요성을 인식하고 돌봄 서비스를 실천하는 데 존경을 표현해야 함을 강조하였다.

이 서양 학자들도 역시 인(仁, 존중·애정)을 발현하며 정(情)을 측은지심으로 실행함으로써 인간 중시적 돌봄을 제공할 필요성을 지적하고 있다고 볼 수 있다.

4. 조직 성원에 대한 인간 중시적 접근

여러 조직은 자체 성원을 인간 중시적으로 대우하는 데 어려움을 겪고 있다. 조직을 구성하는 제공자를 포함한 성원들도 존엄성을 간직한 고귀한 사람들이다. 따라서 이들에게도 인간 중시적 대우를 해야만 한다. 이런 필요성 때문에 연구자들은 조직의 인간화(人間

化)를 조직 개혁의 으뜸가는 원칙으로 삼고 있다(Litwak, 1985; Hasenfeld, 2009; 오석홍, 2016; 성규탁, 2019).

이 원칙에 따라 연구자들은 조직을 인간 중시적으로 개혁하는 시도를 해 왔다. 이들은 조직 관리자는 성원에 대한 감시와 통제 등 규제를 최소화하고, 권력을 분산하고, 소통을 증진하고, 성원의 자율성을 존중하며 자기 성장을 돕고, 자존심과 일할 의욕을 북돋워 줄 것을 역설한다. 이렇게 관료제 속성을 줄여 성원에게 인간 중시적 대우를 하려는 것이다(오석홍, 2016; Bradford & Burke, 2005; Hasenfeld, 성규탁 역, 1985).

일반적으로 조직은 다소간의 차이가 있지만 성원들과의 정실 관계를 떠나 이들의 경제성을 띤 업무 실적(성과, 생산성)을 강조하는 경향이 짙다. 이렇게 경제적 실적을 강조하기 때문에 관리자가 성원의 인간성을 경시하거나 도외시하는 불상사가 발생한다.

앞서 논한 바와 같이 성원들을 업무 실적을 달성하기 위한 도구로 보는 경우가 흔히 있다. 뿐만 아니라 이들을 멸시, 차별, 배척하며 부당한 압력과 규제를 가하는 불상사도 발생한다. 이런 사례는 성원의 존엄성을 받드는 데 부정적 영향을 미치게 된다. 조직은 성원에게 미칠 수 있는 이러한 비인간 중시적 영향을 억제하는 데 주력해야 한다.

인간 관계와 업무 수행

한국인은 인간 관계를 중시한다. 사람과 사람이 서로 연계되어 서로 의존하고 존중하며 온정으로 서로를 돌보는 관계다. 다행히 이런 인간 관계의 중요성은 조직 연구에서도 일관되게 역설하고 있다. 앞서 논의한 퇴계의 인간애·인간 존중의 원리를 적용할 필요성이 강조되고 있는 것이다.

인간 관계를 중시하는 접근은 고객을 위한 (외부지향적) 업적을 올리는 동시에 조직 성원을 위한 (내부지향적) 과업을 성취하는 데 작용하는 인간적 요인을 보다 더 깊이 이해하려는 데 목적이 있다. 조직 내에서 인간 관계를 이루는 데 발생하는 잘못을 시정하고 조직을 고객을 위해 바람직하게 운영하려는 현실적인 접근이다.

다음에 논의하는 소위 과학적 관리론적 접근은 조직의 생산성(업무실적)을 이루는 데 성원의 사회적 속성이 커다란 영향을 끼친다는 사실을 간과 내지 무시하였다. 다행히 앞서 논한 Mayo의 조사에서 성원들의 태도, 감정, 인간 관계와 이들이 소속된 작업 집단의 소문화와 구조가 작업장의 시설이나 물리적 조건보다도 업무 수행에 훨씬 더 커다란 영향을 끼친다는 사실이 발견되었다. 이러한 조사에 이어 다음에 논하는 Likert 등 연구자들이 제시하는 이론이 조직 내 인간 관계의 역동성을 해명하는 우세한 이론으로 대두하였다.

인간 관계론의 기본적 가정은 성원들은 조직 내에서 창조성과 상상력을 발휘하여 자기 통제와 자아 실현을 할 자질을 갖추고 있으며, 이들을 호의적으로 존중하고 지지하여 잠재력을 발휘토록 하면, 작업 동기화를 이루어 업무 실적을 올릴 수 있다는 것이다(Likert, 1987; Hasenfeld, 성규탁 역, 1997; 이창희, 2020).

그래서 Likert(1987)는 그가 수집한 다량의 경험적 자료를 바탕으로 조직의 리더(감독자)는 성원이 자기 존중감을 발현하며 자기 성취를 하도록 민주적, 관용적, 참여적, 부하 지향적, 지지적 리더십을 발휘하고, 더욱이 이를 성취할 수 있는 작업 환경을 조성하는 데 최대한의 노력을 기울여야 한다고 주장하였다. 이러한 인간 중시적 작업 환경은 Burns와 Stalker(1961)가 제시한 아래와 같은 유기적 조직의 특성에도 다소간 반영되어 있다.

유기적 조직의 특성

(1) 업무를 하위 단위에 분리해서 수행토록 하고 분리된 업무를 조직 전체의 업무로 통합되도록 함.

(2) 조직 성원 간의 상호 교환을 통해서 업무를 조정하며 새로이 규정해 나감.

(3) 성원 개개인의 역할을 중시하며 조직 전체에 대한 책임과 사명을 폭넓게 수렴해 나감.

(4) 감독자는 모든 업무에 대한 만능적 지식을 가졌다고 보지 않음.

(5) 위계적 통제와 권위적 규제를 감소하고 성원들의 관심을 중요시하여 수렴.

(6) 커뮤니케이션은 상이한 계층의 종업원들 간에 수평적으로 이루도록 하고 명령보다는 협의를 해나감.

위와 같은 특성에 조직 성원-인간-을 중시하는 가치가 스며들어 있음을 감지할 수 있다.

조직 성원에 대한 접근에서 유의할 사항

Likert는 위의 유기적 특성을 중시하는 조직 리더가 작업 집단의 업무 실적을 향상하는 결과를 가져왔다고 보았다. 이런 결과를 산출하는 조직의 모형을 Likert는 제4체계(System 4)라고 호칭하였다.

그는 이 체계는 M. Weber의 관료제 조직 모형인 제1체계(System 1)와 대조된다고 했다. 이 조직에서는 리더가 부하에 대한 신뢰도를 높이고, 작업 문제 해결에 성원이 참여토록 하고, (수직적일 뿐만 아니라) 수평적으로 의사를 전달토록 하고, 목표 설정에 성원이 참여토록 하고, 성원과 심리적 친근감을 가지고, 통제 기능을 작업 부서들이 나누어 가지도록 한다.

이런 인간 관계론적 시각과 접근은 사회복지조직 연구자들에게 크게 매력적으로 보였다. 조직이 갖추어야 할 새로운 방향을 제시해 주었기 때문이다. 사실 이 접근은 조직의 인간 중시적 작업 환경이 긍정적 효과를 발생한다는 사실을 이해하는 데 크게 기여하였다.

하지만 이러한 접근은 조직 내부 및 외부의 정치적 및 경제적 요인을 경시한 경향이 있다는 비판이 있다. 예로 조직이 필요로 하는 자원을 통제하는 이익집단, 조직과 사회 간의 가치관 차이, 사용하는 돌봄 기법의 불확실성 등 성원들의 인간 관계와 직결되지 않은 요인들이 조직의 업무 실적 달성 내지 효과성을 좌우함을 충분히 설명하지 못했다는 것이다.

비생산적 리더 대 생산적 리더

비생산적 리더는 위계적으로 강압적인 권위를 행사하며 성원들을 사사건건 간섭하고 통제하는 작업 환경을 조성한다. 문서화된 규정에 따라 성원들을 기계 부품처럼 취급하고, 그들과 협의하지 않은 채 작업 방법을 정해 작업 예산을 편성하고, 작업 과정에서 그들의 자존감을 무시하며 비인간적으로 압력을 행사한다.

한편 생산적 리더는 위와 같은 억압적이고 통제적인 권위 행사는 성원들의 반감과 원성을 사게 되고, 이들의 사기와 작업 의욕을 저하하여 작업의 효과성을 내지 못하게 된다고 믿는다(Likert, 1987; Bradford & Burke, 2005; 이창희, 2020). 이런 생산적 리더는 성원들이 광범위하게 참여토록 한다. 즉 작업 목표 설정, 예산 책정, 비용 절감, 작업 진행 계획 등 조직이 실행하는 다양한 작업에 참여하고, 공동으로 수렴한 목표를 추구하도록 이끈다(오석홍, 2016; 임창희, 2020: 487).

구체적으로 작업 수행을 지도해 주고, 훈련 및 교육을 받을 기회를 제공하고, 성원 각자의 능력에 알맞은 일을 맡도록 하고, 알맞은 자리와 위치로 이동 또는 승진토록 지지해 준다(Likert, 1987; Perrow, 2014). 모두가 효과적 행정을 위한 필요 조건이다. 이와 같은 조건을 수렴하는 리더는 성원의 개인적 가치(중요성)를 인정받고자 하는 욕망을 호의적으로 충족해 줌으로써 그가 자율적으로 조직을 위해 작업을 수행토록 동기를 유발한다.

5. 인간 관계 중심적 접근에 대한 비판

위와 같은 인간 관계적 접근에 대한 비판적 시각도 없지 않다. 즉 조직 성원에 대해 지나치게 호의적이고 동정적이며 이들의 감정과 욕구에는 예민하면서도 조직의 규율을 지키면서 업무를 수행하는 데는 대단한 관심을 두지 않고 소홀히 하지 않는가? 업무 수행이야말로 조직의 가장 중요한 과업이 아닌가? 등의 비판이 나온다(Baumgartel, 1963).

하지만 전술한 바와 같이 성원을 존중하며 인간적 대우를 하면서 작업 동기를 유발하도록 이끌면 생산성이 높아진다는 자료가 대량 산출되었다. 좋든 싫든 경험적 조사가 산출한 이런 결과는 한결같이 성원을 인간 중시적으로 대하면서 민주적 작업 환경을 조성하면 외부지향적 과업이 더 잘 수행될 수 있음을 증명하고 있다(Cartwright & Zander, 1968).

인간 관계 접근은 성원을 다루는 데 민주주의적 방법을 적용한다. 하지만 이 방법은 결코 규율과 질서를 무시하는 자유방임적 접근이 아니다. 민주주의적 접근은 의사 결정에서 고도의 협동적 참여를 필요로 하며, 고도의 인간 관계적 기술과 노력이 필요하다. 무관심, 적대감, 갈등을 최소화하며, 무엇보다도 성원의 동기 유발, 자기 가치 확인, 자기 긍정감 보존, 사기 앙양 및 작업 실행을 최대화한다. 서로 신뢰하고 존중하며 협동하는 작업 환경을 이룩하도록 하는 조직 관리 방법이다(Bradford & Burke, 2005; 이창희, 2020).

어떤 사람들은 인간 관계적 접근은 갈등 없이 모든 사람을 뭉쳐서 하나의 행복한 가족을 이루려는 희망적이고 비현실적인 것이라고 비판한다. 인간 관계적 접근은 사실 갈등을 해소하여 협동을 이루는 것을 중요시한다. 어떤 형식의 갈등은 개인적 및 집단적 목표를 달성하는 데 파괴적인 영향을 끼칠 수 있기 때문이다.

인간 관계가 개발, 개선되어 실행되는 맥락에서는 갈등을 해소하는 힘을 증대할 수 있다. 성원의 개인 능력을 인증하고, 업무 실적을 바르게 평가하고, 정당한 대우를 하며, 업무 수행 동기를 유발해서 상호 소통하는 작업 환경을 이루어 갈등을 최소화할 수 있다. 위와 같은 작업 환경을 이룸으로써 성원들은 각기 조직의 목표를 달성하는 데 기여하도록 할 수 있다. 이러한 일련의 사실을 감안하여 인간 관계적 접근에 대한 비판적 시각을 조정 내지 시정할 수 있다고 본다.

6. 인간 중시적 접근의 방향

조직의 중심적 역할은 사회로부터 위임받은 돌봄 활동을 사회가 기대하는 바에 따라 실행하는 것이다. 이 기대의 기본적 차원은 위에서 논의한 바와 같이 고객에게 인간 중시적으로 효과적인 돌봄을 제공하는 것이다.

정책을 돌봄으로 전환하며 중시적(mezzo) 기능을 하는 것은 조직의 외부지향적 과업이다.

조직은 사회를 위한 외부지향적 과업과 아울러 내부지향적으로 자체 유지 과업을 수행해 나간다. 전술한 바와 같이 조직을 감독, 지원하는 정부(보건복지부)는 바로 이러한 두 가지 목표를 실행토록 지령하였다(보건복지부, 2020).

* (외부지향적 목표) 질이 좋은 돌봄을 사회에 제공할 것
* (내부지향적 목표) 조직 성원에게 마땅한 대우를 할 것

따라서 외부지향적인 인간 중시적 돌봄을 수행하는 동시에 내부지향적 과업도 인간 중시적으로 수행하는 이중적 과업을 수행해야 하는 것이다. 조직을 구성하는 돌봄 요원과 리더가 이 두 가지 목표를 달성하는 장본인이다.

앞서 제시한 생산적인 리더의 지지적, 참여적, 민주적 리더십은 이 목표를 달성하는 데 필요불가결한 요건이라고 본다. 인간 중시적 조직을 운영해야 하는 것이다. 인간 중시적 운영을 하는 데는 전술한 바와 같이 가치적 요인이 개재되기 마련이다(Titmuss, 1976; Myrdal, 1958; 양옥경, 2017). 가치적 요인이라 함은 리더와 제공자, 특히 후자가 간직하는 가치, 이념이다. 이러한 가치는 고객과 제공자 간 상호 작용 형식과 돌봄 방법을 선택하는 데 커다란 영향을 미친다. 이런 영향을 끼치는 가치로 퇴계의 인간 존중·인간애의 인간 중시적 이념을 다시 밝혀 보아야 하겠다.

조직은 제공자들의 돌봄 실천을 어떻게 관리하고, 이들의 자유 재량권을 어떻게 조정해서 고객에게 인간 중시적 가치를 발현하며 돌봄을 제공토록 하느냐의 행정적 문제에 부딪히게 된다.

사회복지 돌봄은 흔히 조직 본부와 지리적으로 격리된 데서 실행된다. 방문한 가정, 상담실, 병원 환자실, 교도소 간방 등 조직 본부 및 감독자와 떨어진 세팅에서 고객에 관한 사비밀을 지키면서 전달자의 자유 재량으로 개입이 이루어진다. 이런 맥락에서 돌봄이 어느 정도로 인간 중시적이며 효과적으로 전달되느냐는 질문이 나올 수 있다. 또한 제공자가 대도시에서 격리된 오지나 출장지에서 돌봄을 제공하는 과정에서 어느 정도 안전하게 충분한 보상을 받으면서 인간 중시적으로 처우되는가에 대한 행정적 문제도 나올 수 있다.

앞으로 논의하는 다공화된 조직과 같이 본부와 멀리 떨어진 지역의 돌봄 세팅에서 돌봄을 전달하는 경우에는 이러한 행정적 과제가 드러날 것으로 본다.

다공화된 조직이 당면하는 이러한 과제에 관한 조사 자료는 아직은 찾아보기 어렵다.

제3장

한국 사회복지조직의 성장

1. 뭇사람(公)을 위한 돌봄의 확장

우리는 일생 동안 줄곧 가족 바깥의 여러 조직이 제공하는 다양한 돌봄 서비스를 받는다. 병원에서 출생하여 의료 돌봄을 받고, 보육원에서 보호 양육되고, 학교에서 교육되고, 교회나 법정에서 결혼하고, 법률 기관을 통해서 인권과 재산을 보호받고, 문화 및 예술 단체로부터 위안과 기쁨을 얻고, 복지관에서 사회적 돌봄을 받고, 노후에 요양원에서 요양 보호되고, 이 밖의 여러 조직에서 돌봄 서비스를 받는다.

가족적 및 사회적 문제와 정신적 및 신체적 질환이 있는 사람이 많아짐에 따라 이러한 조직의 돌봄 활동이 증가, 확장되고 있다. 이런 변화는 조직의 성장을 촉진하고 있다.

이러한 조직을 세팅으로 사회복지사 등 제공자들은 고객과 상호 관계를 이루면서 치유, 교정, 재활, 구호 등을 해나간다. 신체적·정신적 및 사회적 문제에 대해 심리적·의료적·사회적 및 사회 환경 조정적 기법을 적용하여 개인, 집단 및 지역 사회에 제공하는 돌봄이다. 요양원, 병원, 보건소, 복지관, 가족 상담소 등을 포함한 조직(시설)은 현대적 기술, 기구, 장비, 통신 수단 및 전문 인력을 갖추어 위와 같이 가족 바깥에서 사회적 돌봄을 제공한다. 즉 전통적 가족 중심 돌봄의 상당 부분을 대신 행하고 있는 것이다.

이런 사회적 돌봄 없이는 사회적 및 경제적으로 어려워진 사람의 생의 질을 높여 복지를 유지, 증진하기 어렵다.

덧붙일 사실은 성장하는 조직의 돌봄 활동이 확장되고는 있지만, 다수는 여전히 정과 친함으로 제공되는 가족적 돌봄을 선호하고 있다(이승호, 신유미, 2018).

하지만 가족 바깥의 조직이 제공하는 돌봄을 받기 원하는 사람 수는 해마다 늘고 있다(권중돈, 2019). 이 사실은 돌봄을 가족이 충분히 제공하지 못하고 있으며, 사회적 돌봄에 대한 잠재적 수요가 늘었음을 사사한다. 사람은 건강, 수입, 고용, 주거, 여가, 교육, 사회 참여 등에 대한 욕구가 있다. 생활이 어려운 사람의 이러한 욕구를 충족하도록 돌보아 주는 과업을 조직이 수행하고 있다. 시대적 변화는 이러한 사회적 돌봄에 대한 욕구를 증대하고 있다. 사람들의 수명이 연장되고, 가족원 수가 감소하며, 직장을 가진 여성과 남성이 늘고, 부모를 떠나 생활하는 자녀가 많아짐에 따라 의존적인 가족원을 돌보는 손길이 줄고 있기 때문이다.

이런 맥락에서 다수 가족은 사회적 돌봄을 필요로 하고 있다. 바꾸어 말하면 가족적 돌봄의 부족을 보완하기 위해 가족 바깥의 조직(시설)이 제공하는 사회적 돌봄을 활용할 필요성이 커지는 것이다. 이러한 변동은 조직의 돌봄 기능을 확장하며 조직의 성장을 촉진하고 있다.

2. 조직의 성장을 위한 요건

다수 사회복지 조직은 해마다 다소간 성장하고 있다. 경제 성장으로 국가와 시회의 자원이 늘어남에 따라 이런 성장 현상은 현저해지고 있다. 성장하는 조직에서 많은 전문인이 많은 돌봄 서비스를 많은 사람에게 여러 세팅에서 제공하고 있다. 조직이 성장하면서 돌봄 기능이 다변화하고 있는 것이다(Andersen, 2001; Blom berg, 2020).

이렇게 성장함으로써 조직은 인적 및 물적 자원을 더 많이 확보하고, 사회를 위한 기여가 많아지고, 생존 가능성이 높아지며, 사회적 필요성을 세상에 자랑할 수 있다. 즉 조직이 진화(進化)되고 있는 것이다(Perrow, 2014; Coffman & Gonzalez-Morina, 2002). 이렇게 진화하는 조직 가운데는 국내외의 강력한 조직과 제휴, 동맹하여 앞선 조직 운영 및 돌봄 기법을 획득해서 활동 영역을 확장해 나가는 사례가 늘어난다(Roberts, 2004). 이렇게 확장하는 조직은 대개가 다음과 같은 요건을 갖추고 있다(Greiner, 1988; Starbuck, 1965).

* 조직 운영에 대한 강한 신념과 정체성
* 오랜 역사
* 조직의 크기
* 능력 있는 리더/감독자
* 운영 자원 확보
* 전문화된 돌봄 인력
* 성원들의 목적 성취 의욕
* 발전된 행정
* 발전된 커뮤니케이션
* 안정된 환경

3. 사회복지조직의 성장

한국의 사회복지조직(시설)은 지난 반세기 동안 놀라울 정도로 성장했다(김법수, 2017). 한국전쟁 동안(1950년 6월~1953년 7월)과 그 후 20여 년 지속되던 외국 원조에 의한 사회복지사업이 끝나고, 나라의 경제계획 달성에 힘입어 자주적 사회복지사업이 확장되기 시작하였다.

사회보장심의위원회(보건사회부)의 정책 제안(1960년대)을 호시로 사회복지사업법(1970년)이 재정되어 국가 재원이 사회복지에 투입됨에 따라 각종 시설이 설립됐다. 1980년대에 구호, 치료, 재활을 위한 시설 운영에 걸맞는 행정 방법(기획, 관리, 평가 등)의 필요성이 증대하였다.

이 시기에 미국 미시간대학에서 개발된 사회체계이론에 기초한 사회복지행정학을 연세대사회복지학과 성규탁 교수(저자)가 도입하여 현대적 사회복지행정 발전의 계기를 마련하였다.

[주: 성규탁(1988~2003), 『사회복지행정론』, 법문사(한국 최초로 발간된 사회복지행정학 책); 성규탁(1985-1997), 『사회복지행정조직론』(역서), 박영사; 성규탁(1984), 『사회복지행정론』(역서), 사회개발연구원; 성규탁(1988), 『사회복지사업관리론』(역서), 법문사; 『정책평가』(공저)(1992), 법영사]

발전의 시작

경제개발계획이 성공적으로 추진되어 국가 경제가 비약적으로 성장함에 따라 국민의 생활 수준이 향상되었다. 하지만 급격한 사회 변동으로 농촌 중심의 사회적 및 경제적 체제가 무너짐에 따라 가족 구조가 변하였고 가족의 자체 돌봄 기능이 약화되었으며, 사회 계층 간 생활 능력 차이가 심화되어 각종 사회 문제가 발생함으로 사회복지 돌봄에 대한 수요가 급증하였다.

사회복지 시설의 태동

전쟁으로 발생한 무수한 불우 아동, 노인, 장애인 등을 위한 돌봄은 대부분 외국 민간 원조 단체(KAVA, Korean Association of Voluntary Agencies)의 지원으로 제공됐고, 돌봄 시설의 운영도 이 단체의 재정적 및 기술적 지원으로 이루어졌다.

한국전쟁은 100만 명 이상의 전재민을 낳았다. 전쟁을 계기로 한국에 입국하여 양곡 지원, 보건 사업, 지역 개발 등을 행한 대표적 외원기관으로서 UN의 국제연합민사원조사령부(UNCAC)를 들 수 있고, 사회복지사업을 대규모로 실행한 외국의 민간 사회사업 단체 중 대표적 단체로서 위의 KAVA를 들 수 있다.

[주: KAVA 위원장 G. M. Carroll(가톨릭) 주교는 저자가 다닌 미시간대학이 있는 Ann Arbor 시에도 몇 번 와서 KAVA를 위한 모금 활동을 했다.]

KAVA 연차 대회에는 한국 대통령을 비롯해 보건사회부 장관, 적십자사 총재가 축사를 했고,, 대한사회복지회회장 탁연택, 연세대 총장 백낙준, 서울대 사회사업학과 과장 하상락 교수, 서울여대학장 고황경 등 한국 측 인사들이 참여하여 발표회와 간담을 통해 KAVA

회원들과 사회복지의 방향, 재정 지원, 돌봄 실천에 관한 광범위한 논의를 했다.

전쟁 후 1975년에 사회복지시설 및 시설 입소자는 아동 시설(육아/고아원)이 385개소로 약 40,000명, 노인, 장애인 및 모자(母子)를 위한 시설이 약 150개로 15,000여 명을 각각 수용하였다. 이 자료는 전쟁으로 발생한 고아를 비롯한 보호자를 위한 사회복지조직의 성장을 알려 준다.

KAVA 등 외원 단체의 커다란 기여

전쟁 동안과 후에 KAVA가 한국의 사회복지사업을 전담하다시피 운영하였다. 미국을 비롯한 13개국의 주로 기독교 관련 기관(교단, 재단, 협회 등) 소속의 120여 개 사회사업 단체들로 이루어진 KAVA는 불모지에 가까웠던 한국의 사회복지계의 전문 인력을 키우고 각종 사회복지 돌봄을 개발, 전달하는 개척자 역할을 하였다. 시설 세팅으로 한 구호 사업을 시작하여 시설 중심 돌봄 사업을 정착토록 하는 데 크게 기여한 것이다(최원규, 외원사회사업기관활동사, 카바40년사 편찬위원회, 1995; 카바40년사편찬위원회편, 외원사회사업기관활동사, 1994; Proceedings of Ninth Annual KAVA Conference, 1965).

오늘날 국내는 물론 국제적으로 높이 평가되고 있는 어린이재단은 미국의 CCF(Christian Children Fund), 선명회도 역시 미국 중심의 WV(World Vision), 그리고 한국봉사회는 캐나다의 유니타리언봉사회(USCC)-모두 KAVA 회원들-가 각각 창립하여 오늘의 발전과 다공화를 이룩하는 터전을 마련해 주었다. 모두가 인간 중시적인 정체성이 확립된 종교 단체 주도의 사회복지 조직이다. 제7장에서 위의 어린이재단과 선명회를 사례로 들어 조직 성장에 따른 다공화 현상을 해설하고자 한다.

뿌리 깊은 신념과 가치: 정체성

조직의 설립자가 간직한 신념과 가치는 돌봄 사업을 실행하는 방향과 방법을 조성하는 데 지렛대 역할을 한다(Bradford & Burke, 2005; Hazen, 1993).

선명회와 어린이재단은 기독교 이념을 기틀로 하는 인도주의적 사회복지를 실현하는 고귀하며 굳건한 사명감과 정체성을 간직하며 운영되고 있다. 인간 중시적 돌봄사업을 자주적으로 실행하고 있다.

지도력과 전문성 고양

1967년에 한국사회사업가협회가 설립되어 사회복지제도 확립을 위한 연구, 사회복지사를 위한 전문 지식과 자질 향상을 위한 교육 훈련, 전문성 제고를 위한 자격 제도의 법제화, 돌봄 서비스 개발, 실습생 지도, 참고도서 출판 등 사회복지 발전을 위한 기틀을 조성하게 되었다(한국사회복지사협회 50년사, 2017).

이어 1970년에는 사회복지협의회가 설립되어 각종 복지사업 조정, 사회복지 계획, 시설육성지도 및 시범시설 운영, 사회복지사 및 자원봉사자 양성, 국제사회복지기구와의 제휴, 공동모금회와의 제휴 등의 역할을 하게 되었다(한국사회복지협의회 60년사, 2012).

사회복지 시설에 관한 법규

사회복지 시설은 사회복지법에 따라 설립, 운영된다. 시설에서 돌봄을 받거나 시설에서 생활하는 고객의 복지 향상과 시설 종사자의 처우 개선에 대해 이 법 시행령과 시행 세칙에 규정해 놓았다(보건복지부 사회복지 시설관리 안내, 2020). 시설 증설, 재정 관리, 돌봄 전문화 및 개발, 설비 및 시설 환경의 개선 등에 관한 규정이 포함되어 있다. 이로써 사회복지 행정을 위한 법적 기틀이 마련된 것이다.

시설의 증설

위와 같이 한국은 1990년 중반부터 현대 복지국가로의 진입을 위한 사회복지제도의 기본 체제를 갖추어 나갔다(한국사회복지협의회 60년사, 2012). 사회복지는 양적으로 성장하였다. 아동 복지 시설, 노인 복지 시설 및 장애인 복지 시설 수가 크게 늘었다. 저소득층 아동을 위한 지역아동센터는 2004년의 895개가 2010년에는 3,690개로 무려 412%가 증가하였으며, 노인 복지 시설도 2006년의 1,045개에서 2010년에 2,496개로, 노인 의료 복지 시설은 2006년의 898개가 2010년에 3,852개로 각각 늘었다. 장애인 복지 시설을 포함한 사회복지 시설도 비슷한 증가율을 보였다(한국사회복지협의회 60년사).

전문 인력 확보

질적으로도 성장하기 시작했다. 사회복지 대학 출신 전문사회복지사 수도 크게 늘었다. 사회복지제도와 시설 및 돌봄 서비스 프로그램이 발전함에 따라 사회복지사 전문 인력은 제도화되었다. 사회복지사는 1985년도에 처음으로 2,000명이 자격증을 받았다. 그 후 지속적으로 늘어나 2020년도 현재 1급 자격증을 받은 사회복지사는 162,000여 명이고 2급 자격증을 받은 자는 1,162,000여 명에 이른다. 이러한 발전은 사회복지교육을 전담하는 대학이 크게 뒷받침하고 있다. 한두 개 대학에서 시작된 사회복지 교육은 200여 개 대학들로 확장되어 실행되고 있다. 사회복지제도와 교육이 이와 같이 발전함에 따라 전문 인력이 개발되어 나가 국가와 민간의 사회복지 사업의 질이 본격적으로 높아지게 되었다.

사회복지 교육의 발전

사회복지 교육의 기본은 윤리다. 존엄성을 간직한 고객을 돌보는 데 사회복지사가 갖추어야 할 조건은 퇴계(退溪)가 제시한 존경, 사랑, 측은지심 및 서의 가치라고 본다. 특히 사람 존경의 극치인 '인간의 존엄성'을 사회복지 윤리의 기본으로 삼는 것이다.

이러한 사람 돌봄에 대한 가치는 옛날과 다름이 없으나, 돌보는 방법(기법, 기술)은 시대적 요청에 따라 새로이 개발되고 있다. 우리나라에서 1960년대에 시작된 사회복지 교육에 이런 발전적 변화가 일어나고 있다. 돌봄은 조직을 세팅으로 사회복지사가 실행한다. 따라서 이 돌봄의 개발 및 발전은 조직을 효과적으로 운영하는 데 불가결하다. 돌봄은 개인과 사회를 연계하는 틀 속에서 이루어진다. 사람의 심리적 문제를 사회환경적 영향과 연계해서 해결하는 방법이 적용된다. 개인과 사회를 상호 연계하여 문제를 풀어나가는 기술이다.

이 기법을 교육하는 데 과학적 방법을 적용하고 있다. 크게 나누어 두 가지 기본적인 방법을 들 수 있다. 하나는 심리동태적(psycho-dynamic) 방법으로서 주로 개인의 심리적 작용이 그의 문제에 미치는 영향을 살펴 분석하여 문제를 해소(치료)하는 것이다.

또 하나의 방법은 행태학적(behavioral) 접근으로서 환경이 사람의 행동에 미치는 영향을 분석, 조정해서 문제를 해소하는 것이다. 이 두 가지 방법을 상호 연계해서 환경적 영향을 조정하여 고객의 문제를 해소하는 통합적 방법도 적용한다.

아울러 개인과 집단을 위한 임상적 치료를 통해 복지를 증진하는 미시적 접근과 지역 사회나 국가 정책을 변화시킴으로써 복지를 이룩하는 거시적 접근을 가르친다.

미시적 실천을 위한 교육은 고도의 사회적, 심리적 및 환경적 개입 기법을 필요로 하기 때문에 유관 학문 분야를 포함한 사회복지 교육 당국과 사회복지조직 간의 소통, 협동과 정부를 포함한 유관 단체의 적극적인 재정적 지원이 필요하다. 조직은 이 거시적 접근과 미시적 접근을 연계, 조정해서 사회 현장에서 실행하는 중시적 역할을 한다.

사회복지사는 위와 같은 기법을 강의와 실습을 통해서 학습하여 조직 세팅에서 실천하게 된다. 이런 교육을 받는 과정에서 매우 중요시하는 주제는 위에서 논한 사회복지사가 실천에 임해서 지켜야 하는 윤리적 원칙이다. 가족의 자체 돌봄 기능이 약화됨에 따라 어린이, 청소년, 고령자를 포함한 가족, 집단, 지역 사회가 필요로 하는 전문적 돌봄을 제공하기 위해서는 사회복지교육을 위해 정부, 민간 단체 및 개인이 보다 많은 투자를 할 필요가 있다.

시대적 적응

우리의 고유한 인간 중시적인 이념은 사회복지 돌봄을 행하는 데 지켜야 할 문화적인 이념적 바탕이 우리에게도 존재한다는 자부심을 가지게 한다. 우리는 전통 문화에 대한 긍지를 간직한다. 하지만 새로운 시대적 맥락에서 이 이념의 실현 방식을 조정, 수정하는 노력이 필요하게 되었다.

새 시대에는 개인에 대한 존중과 민주적 사고의 협치를 이룰 필요가 있다. 균등한 기회와 공평한 분배를 이루어 서로 돌보는 공동체를 지향해야 한다. 이를 위해 세대 관계가 권위주의적인 패턴에서 민주적이고 호혜적(互惠的)인 패턴으로 바뀌어야 하겠다.

사회복지 돌봄의 한국화

위와 같은 노력과 병행해야 할 주요 과제가 사회복지 돌봄의 한국화(韓國化) 또는 토착화(土着化)다. 이 과제를 풀기 위해 고려할 요건은 아래와 같은 한국인의 고유한 성향을 이해하고 이 성향에 걸맞는 돌봄을 개발하는 것이다.

한국인의 성향으로서 아래 8가지를 들 수 있다(김태환, 1982; 문용린 외, 2008; 손인주, 1992; 송성자, 1997; 신용하, 2004; 엄예선, 1994; 유민봉, 심형인, 2013; 이문태, 1998; 이부영, 1983; 임태섭, 1994; 장성숙, 2000; 최상진, 2012; 최연실 외, 2015; 최재석, 1983; Triandis(1994). [부록참조]

① 체면 중시 성향, ② 겸손 중시 성향, ③ 가족 중심 성향, ④ 관계 중심 성향, ⑤ 의존적 성향, ⑥ 집단 중시 성향, ⑦ 화합 중시

성향, ⑧ 간접적 의사 소통 성향

발전한 나라마다 자국의 문화적 맥락에 맞게 토착화된 사회복지 돌봄을 개발해 나가고 있다. 즉, 전통 사상에서 진리를 찾고 교훈을 얻어 새로운 사회복지 목표를 설정하고, 이를 실현하기 위한 구체적 방법을 개발해 나가고 있는 것이다.

그 동안 많은 사회복지 돌봄 방법이 미국과 유럽에서 교육받은 전문가를 통해 도입됐다. 이렇게 도입된 방법은 원래 서양인의 사회적 욕구를 충족하기 위해 서양의 사회적 상황 및 필요에 따라 설계, 개발된 것이다. 그동안 이런 방법을 한국적 맥락에서 적용하는데 부적응으로 인한 소음과 불편이 발생해 왔다. 우리에게 맞는 접근 방법은 채택하고 맞지 않는 방법은 버리는 취사 선택의 묘를 이루어야 하겠다.

전달 체계의 발전

1980년부터 보건복지부는 공공 사회복지 전달 체계의 개발과 아울러 전문성 향상과 복지사업 활성화를 위해 인력과 구조를 개선해 나갔다. 한편 민간의 지역사회 복지 활동이 외원 단체의 철수에 맞추어 진행되었다. 아동, 영유아, 노인, 장애인, 정신질환자, 노숙자, 다문화가족 등을 위한 다양한 시설이 지방자치 지역에서 증설, 확장되어 나갔다.

예로 대표적 지역사회복지 시설인 사회복지관은 사회복지사업법 제34조에 근거하여 설치됐다. 이 시설은 지역사회 내에서 일정한 시설과 전문 인력을 갖추고 지역사회의 인적 및 물적 자원을 동원하여 지역주민의 복지 욕구를 충족하기 위한 다양한 돌봄 서비스를 제공하는 다공화된 종합적 사회복지사업을 추진하고 있다. 노인복지관도 사회복지사업법에 의해 설치된 대표적 재가노인복지시설이다. 이 시설들은 다 같이 정부(지방자치단체)가 설립하여 민간전문기관에 운영을 위탁하는 관립 민영 형태로 운영되며 노인이 지역사회에서 생활하면서 활용하는 시설이다.

이러한 시설은 생산적, 협동적 및 서로 나눔의 이념과 정신을 기틀로 저소득주민의 자활 자립을 지원하는 조직이다. 지역사회의 저소득층을 지원하는 단체 및 집단의 자활사업시스템과 제휴하며 상호 지원하고 있다. 인간 중시적 가치를 받들며 운영되는 조직이다.

4. 다양화되는 돌봄 서비스

위와 같이 성장하는 조직이 제공하는 돌봄은 다양화되고 있다. 여러 형태의 돌봄 조직은 가족이 전통적으로 해온 돌봄을 대신 수행하고 있다.

이러한 돌봄은 다음과 같은 유형과 방법으로 제공되고 있다.

① 집안에 있으면서 받을 수 있는 비의료적 돌봄

식사 배달, 가사 보조, 전화를 통한 안전 감독, 외출 시 동반, 교통편 제공, 방문해서 말 상대 되어 주기, 보호자를 위한 휴식 시간 제공, 전화 상담 등

② 집 바깥에서 받을 수 있는 비의료적 사회적 돌봄

복지관 등 시설에서 제공하는 다목적 돌봄, 공동 급식, 교통편 제공, 허약한 고객을 위한 일시 위탁 돌봄, 보호자 지원, 유언과 상속에 관한 법률 상담, 레크리에이션, 각종 자원봉사 등

사회적 돌봄에는 또한 다음이 포함된다. 노력 봉사(청소, 세탁, 급식 지원, 연탄 운반, 환경 정리, 직업 재활 등), 직접 봉사(산책 동반, 책/신문 읽어 주기, 목욕 도움, 나들이 지원, 용돈 제공 등), 재능 봉사(교육, 의료, 간호, 요양, 주간 보호, 학대 방지, 이미용 봉사, 도배, 수리 등)를 들 수 있다. 아울러 급환, 재난, 사고 등을 당한 약자를 위한 돌봄이 있다.

① 지역사회에서 돌봄을 제공하는 곳

사회복지관, 노인복지관, 장애인복지관, 일자리제공센터, 노인위탁소, 노인정, 공동식사 제공처, 자원봉사집단, 동사무소 등

② 거택 돌봄 제공자

가사 돌봄 제공자, 요양보호사, 거택보건 돌봄 제공자, 노인의 전화, 가정 방문 돌봄 제공자, 노인지원센터 등

시설이 갖춰야 할 요건

돌봄은 여러 세팅에서 제공되며 그 형태와 설립자(공설 또는 사설), 크기, 시설의 안전도, 시설의 환경, 돌봄의 유형과 범위 및 전

문성 정도, 비용 부담 정도가 각각 다르다. 시설에 입원해 있는 분들의 개인적 특성도 다르고 신체적 장애와 질환도 다르다.

장애가 심하거나 24시간 보호를 받아야 할 분에게 간호사 등이 지속적으로 재활, 약물 투여, 식이요법, 방사선 치료 등을 하고, 의사가 정규적으로 왕진을 해서 진단과 치료를 해주며, 사회복지사 상담도 받을 수 있다. 이런 시설을 평가할 때 다음 사항을 살펴봐야 한다.

* 시설의 분위기가 안락하고 가정적인가, 내부와 외부가 말쑥하게 꾸며져 있는가, 실내 공기가 잘 환기되는가
* 시설은 정부의 인가를 받았는가
* 면허증을 가진 간호사가 24시간 간호하는가
* 의사의 감독 하에 돌봄이 전달되며 필요 시 의사의 왕진을 받을 수 있는가
* 약은 면허된 약사가 조제하는가
* 식사를 개인적 상태에 맞게 마련해 주는가
* 재활 돌봄을 제공해 주는가
* 오락, 레크리에이션 및 사교 활동을 할 수 있는가
* 시설이 안전하게 설치되어 있는가
* 시설관리인과 요원들은 경험이 있고 공인 자격이 있는가
* 요원들은 친절하고 실제적인 도움을 주는가
* 시설이 교통이 편리한 곳에 위치해 있는가
* 의사, 간호사, 사회복지사가 추천하는 시설인가

시설을 평가하는 데 위와 같은 요건들이 검정되고 있다. 검정에 앞서 그 지방의 복지관, 병원의 사회사업실, 보건소, 주민센터를 비롯한 봉사 단체에 문의해서 그 시설에 대한 전문적 의견을 들어볼 수 있다.

5. 개혁을 위한 중단 없는 노력

다수 조직(시설)은 운영 자금 및 인력 부족을 극복하면서 확장된 돌봄을 전달하고 있다. 고객과 지역사회에 보다 더 도움이 될 돌봄을 정답고 친절하게 제공하기 위해 노력하고 있다. 나라와 감독 기관의 엄격한 법규와 세칙을 지키고 지역사회 여론에 예민하게 반응하면서 돌봄을 인간 중시적 방향으로 개선해 나가고 있다. 다른 지역 시설보다 더 새롭고, 더 낳은 돌봄을 개발, 확장해 나가려고 애쓴다.

저자는 지난 10여 년간 한국사회복지사협회 원로회 대표로서 서울·경기 지역 소재 시설을 탐방, 컨설팅하면서 이러한 긍정적 변화가 일어나고 있음을 목격, 확인하였다. 이 시설의 관리자는 관료제적 운영을 지양하고, 고객과 자주 대화하고, 감독기관 요원과 수시로 시설 운영에 관해 협의하고, 시설 성원과 자주 대화하며 의견을 나누고, 성원의 교육, 보상을 위해 힘쓰면서 스스로 어려운 과업을 솔선 수행하는 경향이 드러났다. 수년 전만 해도 상당수 관리자가 독선적이고 비민주적인 성향을 보였는데 이제는 이렇게 바람직한 리더십을 발휘하고 있다. Likert가 제시한 성공적 리더의 특성을 갖추고 있다고 본다.

　이렇게 발전적으로 변화하는 조직의 다수는 다음 장에서 논의하는 다공화 현상(多公化現狀)을 이루어 나가고 있다.

제4장

사회복지조직과 다공화

1. 사회복지 돌봄의 다공화(多公化)

사회복지조직에 커다란 변화가 일어나고 있다. 다수 조직(시설)은 성장하면서 한두 가지 돌봄을 제공하는 단순한 운영에서 벗어나 여러(多) 하위 체계로 분리되어 여러(多) 세팅에서 여러(多) 돌봄 제공자가 여러(多) 가지의 돌봄을 뭇사람(公)에게 제공하고 있다.

퇴계의 가르침의 기틀을 이루는 인(仁)을 실현하는 공(公)을 위한 돌봄이다. 즉 나와 나의 가족을 위한 사사로운 가족 중심 돌봄에서 시발하여 수다한 사회 사람을 위한 공동체 돌봄으로 확장되는 현상이다. 국가와 사회가 민주화되고 부유해지며 사람들의 사회복지에 대한 관심과 욕구가 늘어남에 따라 조직은 이와 같이 성장하여 다공화된 돌봄을 제공하게 되었다. 이런 다공화된 돌봄을 하는 조직은 아래와 같은 요건을 갖추고 있다.

* 다(多)변화된 조직 목표
* 다(多)지역/다(多)국가/다(多)문화로 확대
* 다(多)수의 돌봄 세팅
* 다(多)수의 작업 부서
* 다(多)유형의 돌봄
* 다(多)수의 돌봄 제공자
* 다(多)수의 고객(뭇사람, 公)

교향악단의 다음화(多音化)와 흡사한 양상

발전된 통신 체계를 활용하여 수다하게 분리된 사회 체계의 다양한 활동에 대한 정보를 신속히 수집하여 종합할 수 있다. 이렇게 종합하는 상황은 마치 오케스트라(교향악단)와 흡사하다고 본다. 오케스트라는 현악기, 목관악기, 금관악기, 타악기, 건반악기 등 여러 악기의 연주자들을 악기 종류별로 여러 팀에 배정하여 이들이 연주하는 수많은 종류의 멜로디를 하나의 음악으로 종합해서 다음화(多音化)(polyphonic)를 이루어 청중을 위안한다.

다음화(多音化): 조직적 과정

위와 같은 다음화에 대해서 M. Hazen(1993)과 N. Andersen (2001)은 다음과 같이 해설하였다.

오케스트라(교향악단)와 같은 다음화 현상은 사회 조직에서도 발생한다. 즉 다수 성원의 다양한 발언(의견, 제언)에 따라 운영되는 조직 현상과 비유할 수 있다. 조직에서는 여러 부서의 상이한 지위와 직종의 다양하고 다변화된 성원들의 의견과 발언이 동시에 발출된다. 이 현상을 조직 속에 내재(內在)하는 정상적 운영 과정이라고 볼 수 있다. 다만 우세한 권력 소지자가 통제, 억압하기 때문에 다양한 발언이 억제되고 있을 따름이다. 도덕적인 차원에서 이런 억제는 용납할 수 없다. 따라서 다양한 의견과 활동을 효과적 커뮤니케이션을 통해 연계, 통합할 필요가 있다.

Hazen과 Andersen이 지적한 이와 같은 필요성을 감안하여 Kornberger 등(2006)은 다음화 과정에서 발생하는 조직 성원의 발언과 활동의 다양성(diversity)을 존중, 수렴하여 통합된 업적을 이룩하는 조직 관리가 필요함을 역설하였다. 위와 같은 접근은 앞서 논의한 Likert의 인간 관계 중시적 시각과 Burns와 Stalker의 유기적 조직의 특성과 유사점을 내포하고 있다고 본다.

다공화되는 조직

위와 같이 교향악단과 흡사하게 조직은 여러 제공자(연주자)가 제공하는 수다한 돌봄(음)으로 다공화된 돌봄을 사회에 제공한다.

발전된 우리 사회에서는 사회복지 분야뿐만 아니라 다른 분야의 조직에서도 이러한 다공화 현상이 일어나고 있다고 본다. 즉 가치와 믿음을 달리하는 다양한 배경을 가진 여러 사람이 한 조직 안의 수많은 부서와 세팅에서 상호 관계를 이루면서 수많은 과업을 공동의 목표를 지향해서 수행하는 상황이다. 성장한 조직은 이렇게 다공화됨으로써 사회를 위한 기여가 많아지고, 사회적 필요성이 증대하며, 높은 위상을 사회에 자랑할 수 있다.

하지만 이렇게 변화하는 조직은 일련의 도전적인 행정적 과제를 풀어나가야 한다. 후속 장에서 조직의 관리자와 성원이 이런 과제를 다루어야 할 방향과 방법에 대해 논의하고자 한다.

2. 다공화 현상(多公化 現狀)

사회복지 공동체의 대표적 주체는 사회복지조직이다. 이 조직은 성장하면서 복수적 사업 목표를 설정하고 이를 달성하기 위해, 여러 지역에 뻗어 나가 여러 작업 세팅에서 여러 부서를 설치하여 여러 제공자가 여러 가지 돌봄을 수많은 고객에게 제공하고 있다.

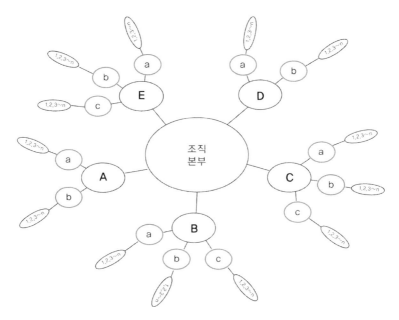

[참조: 그림 4-1 (대규모 조직)]

국가 ABCDEF 세팅 abcdef 돌봄 서비스 프로그램 1, 2, 3~n

[해설: 본부 조직으로부터 (국내외) 지역(국가)(A~E)으로 나누어
지고, 각 지역에서 지방의 작업 세팅(a~c)으로 나누어지며, 각 세
팅마다 복수의 서비스를 포함한 돌봄 프로그램(1~3, n)을 실행함.]

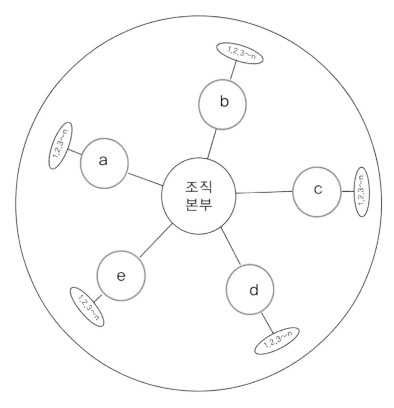

[참조: 그림 4-2 (소규모 조직)]

돌봄 프로그램 abcde 돌봄 서비스 1, 2, 3~n

[해설: 본부 조직의 테두리 안에서 복수의 부서들(a~e)로 나누어져 각 부서마다 복수의 서비스를 포함한 돌봄 프로그램(1~n)을 실행함.]

저자는 이런 현상을 다공화 현상(多公化現狀 polycaring phenomenon)이라고 부르고자 한다. 제7장에서 4가지 사례를 들어 이 현상을 해설한다.

조직의 돌봄 활동이 놀라울 정도로 확장되고 있다. 대규모 조직은 국내에서뿐만 아니라 세계 여러 문화권의 여러 나라에 뻗어 나가 국제적 돌봄 활동을 전개하고 있다. 이 모든 활동은 퇴계가 가르친 인간 중시적 가치-존중·애정·측은지심·서-를 발현함으로써 바람직하게 이루어질 수 있다고 본다. 이 가치를 기틀로 보다 넓은 우리, 사회, 나라, 세계, 즉 공(公)을 위한 돌봄이 실행될 수 있어야 한다.

공(公)의 뜻

돌봄이 사회에 미치는 것을 '공'(公)을 이룬다고 한다. 가족의 역을 넘고 사회적 계층을 초월하여 뭇사람-공(公)-에게 돌봄이 미치는 것이다.

퇴계는 공(公)은 타인에게 은혜를 베푸는데 의무감을 느끼는 마음속 자질이며 조건 없이 측은지심(惻隱之心)과 서(恕)를 발현하는 인도주의적 덕행이라고 했다(『퇴계집』, 인설; 김낙진, 2004: 142).

[주: 공(公)의 뜻을 한문 사전에는 '공평하다', '사심 없이 나누다', '함께하다'라고 하고, Wikipedia에는 public(公)을 'acting for the community as a whole'(공동사회 전체를 위해서 행동함), 'being in the service of a community'(공동사회에 봉사함), 'devoted to the welfare of the community'(공동사회복지에 기여함)라고 했음.]

3. 다공화의 가치적 기틀

퇴계는 공(公)을 인(仁)을 깨닫게 하는 방법이라 하여 다음과 같이 설명하였다(『퇴계집』, 차자 인설).

"인의 마음은 따뜻하게 남을 사랑하고 모든 것을 이롭게 하는 마음이며, 사덕(四德: 孝悌忠信)을 포괄하고 사단(四端: 仁義禮智)을 관통하는 사심 없이 이타적인 측은한 마음이다"(『성학십도』, 인설).

[주: 사덕(四德)[孝悌忠信]-인간이 마땅히 해야 할 4가지의 너그러운 행동: 1) 부모에게 효도함(孝); 2) 형제 간에 우의를 지킴(悌); 3) 나라에 충성함(忠); 4) 사람들에게 믿음 있게 행동함(信)(맹자, 양혜왕 장구상)]

[주: 사단(四端)[仁義禮智]-인간이 본디 갖추고 있는 4가지의 마음가짐: 1) 惻隱之心(남의 어려움을 보고 측은하게 여기는 마음)-인(仁)의 실마리가 됨; 2) 羞惡之心(남의 잘못을 보고 부끄러워하고 미워하는 마음)-의(義)의 실마리가 됨; 3) 辭讓之心(남에게 양보하는 마음)-예(禮)의 실마리가 됨; 4) 是非之心(옳고 그른 것을 가리는 마음)-지(智)의 실마리가 됨(맹자, 공손추 장구상)]

공은 위와 같은 올바르고 너그럽게 사랑하고 존중하는 마음과 행동으로 다른 사람의 복리를 추구하는 이민(利民) 활동을 함을 뜻한다(도성달, 2012: 107).

가난하고 소외된 어려운 사람에게 사랑, 존중, 측은지심, 서로써 인간 중시적 돌봄을 제공하는 것이 퇴계의 이상이라고 볼 수 있다. 공을 강조한 점은 퇴계의 가르침의 기틀을 이룬다. 이웃·사회와 공동체를 이루어 조화로운 도덕적 관계를 유지하며 서로 돌보아야 한다는 가르침이다.

퇴계는 다음 말로써 공의 중요성을 강조하였다.

"공(公)은 하늘이 나린 도리(天理)를 따르며 사람의 욕심(人慾)을 나타내는 사(私)와 반대된다"(『퇴계집』, 서명고정강의).

퇴계는 위와 같이 공은 사사로운 사(私 자기)를 극복하여 다른 사람을 사랑하며 나누어 가짐으로써 널리 베풀어 만민을 구제하는 윤리임을 밝혔다(『퇴계집』, 차자 인설).

이런 윤리를 따라 나의 부모를 미루어 다른 사람의 부모를 섬기고, 나의 자녀를 미루어 다른 사람의 자녀를 사랑함으로써 인(仁)을 실현하는 노력이 나의 가족으로부터 이웃 공동체, 대사회, 천하의 뭇사람 돌봄(利公)으로 확장되는 것이다.

퇴계는 그의 사상을 집성한 『성학십도』에서 공(公)을 거듭 창도하였다. 다음 말은 그의 공 사상을 더욱 구체적으로 알려준다.

"백성은 나의 동포요 … 나이 많은 이를 높이는 것은 천지의 어른을 어른으로 대접하는 것이다"(『성학십도』, 서명).

"천하의 파리하고 병든 사람, 고아와 자식 없는 노인, 홀아비와 과부는 모두 내 형제 가운데 어려움을 당하여 호소할 데 없는 자다"(『성학십도』, 서명).

어려운 사람들-사회적 약자-은 나와 함께 공동체를 이루는 형제로서, 이들을 이타적 정신으로 돌보아야 함, 즉 공을 실행해야 함을 호소한 것이다. 사회복지 돌봄을 행하는 데 명심해야 할 인간 중시적 가치를 담고 있는 말이다. 하지만 공을 이루는 사람들은 친소(親疎, 가깝고 먼 이간 관계)에 따라 정이 다르고 귀천(貴賤, 사회적 계층의 차이)에 따른 등급이 다르다. 그러나 퇴계는 나만을 위한 사사로움에 얽매이지 않으며 후한 마음으로 사심 없이 사람들과 나누어 가짐으로써 친근하고 따뜻한 관계를 이룸이 올바른 길이라고 했다(『성학십도』, 서명). 이러한 맥락에서 '나'는 여러 사람으로 이루어진 '우리' 속의 존재로서 우리와 관계를 맺으면서 생존하며, '나'는 우리(공)와 분리할 수 없는 유기적 존재라고 본다(도성달, 2012).

[주: 유교에서는 공을 뜻하는 '우리'를 '나'와 같은 뜻으로 보며 '우리'는 '천하'로까지 확대됨.]

미국 윤리학자 J. Rawls(1971: 21-22)는 '우리'를 위한 공동선(共同善)은 사회적으로 가장 가난한 사람들의 복지와 연계되어 있다고 했다. 그는 사람들은 각자 여러 사람-'우리'-과 함께 자유를 누릴 동등한 권리를 가지며, 사회적 및 경제적 불평등을 조정하여 가장 불리한 처지에 놓여 있는 계층에게 혜택이 주어지도록 해야 한다고 주장한다. 그러나 Rawls는 사회적 약자를 돌보는 데 인간의 정(情)-존중, 애정, 측은지심, 서-을 발현할 도덕적 의무를 내세우지 못하였다.

이와 대조적으로 퇴계는 부모를 위시한 친족(형제, 부부, 친척 등)에 이어 모든 사람(公)-'우리'-을 위와 같은 정으로써 인간 중시적으로 대할 것을 강조하였다. 퇴계 사상의 기틀을 이루는 경(敬)을 이룩하는 요건으로 제시된 위와 같은 참되고 건전하며 윤리적인 공의식을 발현해 나가야 하겠다. 우리의 인간 중시적인 문화적 자산을 이루는 역사적인 가르침이다. 역사적으로 발전한 사회는 지난날의 역사에서 진리를 찾고 교훈을 얻어내어 새로운 목표를 추구해 나간 것으로 안다.

4. 넓어지는 사회복지 돌봄

퇴계는 인간과 천지의 일체화(一體化 한 몸이 되어짐)를 받아들이고 있다. 모든 인간은 나에게 동포가 되고, 만물은 나의 가족이 되는 물아일체(物我一體 모든 물건과 나가 한 몸을 이룸)와 우주일가(宇宙一家 온 세상이 한 가정이 됨)가 이루어져야 함을 중시한 것이다(『성학십도』, 서명; 금장태, 2001: 187-188; 정순목, 1990: 256). 서로 돌보는 친족에서 서로 돌보는 공동체로 확장되는 공 이념을 밝혀 주었다(김낙진, 2004: 142).

퇴계는 이러한 이념을 지역사회 공동체를 위한 사회복지를 실행하는 데 적용하였다.

[주: 퇴계가 다음에 논하는 '향약'(鄕約)을 통해서 밝힌 공 사상
은 유학이 추구하는 이상 세계, 즉 만민의 신분적 평등을 이루는
대동 세계(大同世界)의 기풍이 충만하다(유병용, 신관영, 김현철,
2002: 46~48; 성규탁, 2017).]

향약과 공의 실현

퇴계의 공(公) 사상을 사회복지 실천으로 옮긴 사업이 향약(鄕約)
이라는 향촌 사람들의 돌봄 조직이다. 퇴계가 입조한 향약(禮安鄕
約)은 환난상휼(患難相恤 어려움을 당하여 서로 돌봄)을 하는 공을
위한 돌봄의 약정이다. 향약은 향촌 주민이 자주적으로 협동해서
공적 돌봄을 실행한 역사적 사례다. 사회적 계급을 초월하여 공평
한 재정적 및 사회적 돌봄을 제공해서 향촌 공동체의 기초적 욕구
를 충족한 것이다(금장태, 2001: 94). 당시 조선의 향촌은 사족(士
族), 품관(品官), 향리(鄕吏) 및 하인(下人)의 계급적인 신분 집단으
로 나누어져 있었는데, 퇴계는 이들을 신분 계급에서 벗어난 향인
(鄕人)으로 통합하여 연령 순으로 자리를 정하는 개혁적인 결정을
하였다. 신분을 넘어선 향촌 교화를 위한 공동체를 추구한 퇴계의
의도는 세계를 하나의 가족으로 삼는 데 이르고자 하는 그의 공 이
념을 실현한 것이다(금장태, 2001: 98). 향약은 조선 사회의 선악
(善惡) 의식을 조정하는 정신적 강령이 되었고(나병균, 1985), 향민
이 협동하여 자치적으로 실행하는 공적 조직을 통한 돌봄의 본보기
가 되었다. 관(정부) 주도의 일시적으로 운용된 구빈 사업이 고작이

었던 조선 시대에 위와 같은 지역 자치적으로 포괄적이며 조직적인 공적 돌봄을 향약이라는 조직을 통해 제공하였음은 참으로 인상적이다(유병용, 신광영, 김현철, 2002).

공을 위한 돌봄 활동

역사적으로 (국가 제도권 밖의) 민간이 자발적으로 어렵고 불쌍한 사람을 도와주려고 공적 돌봄을 실행한 사례로 여러 가지를 들 수 있다. 위에 제시한 퇴계의 향약과 아울러 민본 사상을 정치 질서의 이상으로 삼아 빈민 구제를 창도한 정약용의 목민심서(牧民心書)에 담겨 있는 접근도 공을 위한 돌봄을 지향한다고 볼 수 있다.

이 밖에도 자주 인용되는 민속적인 공적 돌봄 활동의 유형으로 '계'(소집단을 이루는 성원들이 돈, 물질, 노력을 공평하게 염출하여 성원들이 필요할 때 일정한 액/량을 제공하여 도와주는 자조 모임)와 아울러 '부조'(경조사에 돈, 물건, 노력으로 도와주는 것), '의연'(나의 재물을 내서 남을 돕는 것), '두레'(마을의 대소사와 어려운 이웃을 돕는 것), '품앗'(상호 부조를 하되 반대 급부로서 협동, 부조 및 돌봄을 하는 것)을 들 수 있다.

[주: 19세기에 우리나라에 왔던 가톨릭의 달레 신부(Rev. C. C. Dallet)(불란스인)는 조선인의 계를 서로 돌보는 인간애를 발현한 것으로 보고 자기 나라 불란스에서 보지 못한 너그러운 행동이라고 높이 칭찬하여 다음과 같은 기록을 남겼다(Dallet, 정기수(역), 1966: 227).]

"조선인의 커다란 미덕은 사람 사랑 원칙을 존중하여 이를 나날이 실행하는 것이다. 이웃이 서로 보호하고 서로 의지하며 서로 부조하기 위해 긴밀히 결합된 집단을 이루고 있음을 보았다. 이러한 동포 감정은 혈연을 중심으로 한 관계와 조합의 한계를 넘어 넓은 사회로 확대되어 갔다. 서로 돌보고 타인을 사랑으로 후대함은 이 나라 국민의 특징이다. 솔직히 말해서 이런 특성은 현대 문명의 이기주의에 물든 우리 불란스 국민보다 조선인을 훨씬 더 앞서게 한다."

Dallet 신부는 자기 나라 불란서의 이기주의에 물든 사람들보다 조선 사람들이 다른 사람을 사랑으로 돌보는 데 더 앞서 있다고 높이 평가한 것이다. 오늘날에도 우리나라 부락 사회의 생활 풍습을 살펴보면, 여러 가지 방식으로 위와 같은 서로 돌봄 방법이 실용되고 있음을 알 수 있다. 한집안 식구만으로는 감당하기 어려운 일은 마을 사람들이 힘을 모아 거들어서 치른다. 각자의 형편에 따라 노동력 또는 재력으로 어려운 사람들을 서로 돌본다.

이런 자주적, 자치적으로 행하는 공적 돌봄은 남을 존중하고 사랑하며 돌보는 공을 실현하는 것이다. 이런 민간의 돌봄 활동은 사회 공헌 등 국가 제도권 밖의 시민이 자원해서 행하는 규모가 큰 돌봄으로 범사회적, 범세계적으로 비영리 조직을 통해 실행하고 있다(강철희, 2020).

확장되는 공(公) 활동

새 시대 민간의 위공 돌봄은 지속적으로 확장되는 추세다. 기부 금액과 기부자 수는 현저히 증가하고 있다. 사회 공헌으로 행하는 기부는 괄목할 만한 증가 추세를 보이고 있으며(전경련, 「사회공헌 백서」, 2016), 다수 기업도 참여하고 있다. 이 사회 공헌은 기업 자체의 인식 개선을 위한 목적도 있겠지만, 사회적 약자를 돌보려는 인도주의적 위공 활동임이 분명하다. 개인이 하는 기부도 늘고 있다. 특히 한국인의 문화적 특성인 가족 중심의 비공식적 기부로서 경조사 부조, 이웃 및 지역 공동체를 위한 기부는 생활 수준이 향상됨에 따라 높은 수준에 달하고 있다(김형용, 2013).

이러한 발전적인 인간 중시적 돌봄은 사회복지공동모금회의 실적을 보면 알 수 있다. 법정 모금기관으로서 각계 각층의 개인 및 집단이 내는 기부금을 모아 전국 지역사회의 공인된 단체 및 집단의 다양한 다공화된 돌봄 활동을 위해 배분해 주는 국내 최대 모금 조직이다(한동우, 2017).

비영리 공익 조직인 재단도 급속히 성장하고 있다. 아산사회복지재단, 삼성공익재단, LG복지재단, 선명회, 한국어린이재단, 지광재단, 인애재단, 공생재단, 인애동산(사회복지재단)을 위시하여 전국각 지역/도시에서 활동하는 4,500여 개의 대소 재단들이 그러하다. 종교 단체의 기부 활동도 다대하여, 돌봄이 필요한 국내외 어린이, 고령자, 장애인, 미혼모, 다문화가족, 그리고 이북(북조선)을 포함한 발전도산국들의 사회적 약자를 위해서 다공화된 돌봄 활동을 해오고 있다. 돈과 물질이 아닌 노력으로 하는 자원봉사 활동도 지역별, 직업별, 단체별로 전국에서 발전적으로 실행되고 있다.

아울러 논할 것은 한국의 국제지원 활동이 여러 나라에서 다문화적으로 진행되고 있는 사실이다. 한국의 정부와 민간이 다년간 규모가 큰 국제적 돌봄 활동을 아프리카, 남미, 중동, 동남아시아, 북한 등의 발전도상국들에서 실시해 오고 있다. 정부가 지원하는 한국국제협력단(KOICA)을 비롯한 지원 단체, 선명회, 한국어린이재단 등 민간 공익 재단이 발전도상국들에서 행하는 돌봄 활동은 국제적으로 호평을 받는 한국의 다공화된 국제복지 활동이다.

이 모든 돌봄 활동은 퇴계가 창도한 애정-존중-측은지심-서의 이념을 실현하며 사해(四海) 동포-공-를 위해 늘어난 것으로 본다.

[주: 세계기부지수(世界寄附指數)를 보면 한국인의 전반적인 돌봄 활동이 국제적으로도 높은 수준에 달하고 있음(World Giving Index, 2017). 세계 140개국 중 한국은 '자원봉사'에서 18등, '기부'에서 35등, '낯선 사람 돌봄'에서 46등을 차지함.]

이러한 바람직한 현상은 사회복지 조직이 국내외에서 공을 위한 돌봄 활동을 발전적으로 실행하고 있음을 여실히 증명하고 있다. 세대 및 계층, 지역과 국경의 한계를 초월해서 돌봄의 다공화 현상이 일어나고 있는 것이다.

이런 현상은 앞서 제시한 퇴계가 가르친 바 나보다 어렵고, 딱하고, 불쌍한 사람을 돌보아 주려는 가치와 이념을 드러내고 있으며, 나아가 한국인의 문화적 저력(底力)이 되는 인간 중시적 가치를 기틀로 하는 조직의 이공 활동을 자랑스럽게 과시하는 것으로 본다.

5. 사회복지 돌봄의 뒷받침: 사회보장

사회적 돌봄을 뒷받침하는 사회보장제도는 다음 3가지로 나눌 수 있다.

1) 사회보험

'사회보험'은 국민연금, 건강보험, 고용보험, 산재보험 및 노인장기요양보험을 포함한다. 이 보험에 의무적으로 가입한 정규직장에서 근무하는 근로자 등은 각자의 재정 능력에 따라 일정액을 납부하되 고용주도 일정액을 함께 부담해 주는 제도다. 특정한 기간이 지나거나 특정한 자격을 취득하면 혜택을 받을 수 있으나 임의로 받을 수는 없다.

2) 공적부조

'공적부조'는 중앙 및 지방 정부가 세금을 재원으로 생활 기능이 없는 고령자(65세 이상), 아동, 장애인의 기초생활을 보장하기 위해 생계, 의료 및 주거비 지원과 재해구호, 다문화가족 지원 등을 위한 급여를 확인 절차(수혜자격심사)를 거쳐 사회복지단체(시설)를 통해서 제공한다.

3) 사회수당

'사회수당'은 조세를 재원으로 일정액의 현금이나 돌봄 서비스를 노인, 아동, 장애인 등을 돌보는 저소득 가정에게 돌봄 부담을 덜어주기 위해 지방자치단체가 확인 절차를 거쳐 제공한다.

이와 같은 사회보장제도는 사회안전망을 충분하게 갖추어 주는 방향으로 발전하고 있다.

6. 다공화되는 돌봄 시설

경제 성장에 힘입어 위와 같은 제도적 뒷받침과 민간의 적극적 참여로 공을 위한 다양한 돌봄을 국내외 조직의 다양한 세팅에서 다수 제공자가 제공하고 있다. 다공화 현상이 이뤄지고 있는 것이다. 대한민국 사회복지의 대변혁이다.

우리는 일생 동안 가족 바깥에서 제공하는 다양한 공적 돌봄 서비스를 받고 있다. 이와 같은 돌봄을 제공하는 주역자가 곧 사회복지 조직이다. 가족 및 사회적 문제와 정신적 및 신체적 질환을 가진 사람들의 돌봄 욕구가 증대함에 따라 이러한 조직의 돌봄-상담, 치유, 교정, 요양, 재활, 구호, 생활 지원 등-이 개발, 확장되어 제공되고 있다. 신체적, 정신적 및 사회적 문제에 대해 심리적, 보건적, 사회적 및 사회 환경 조정 방법을 적용하여 개인, 가족, 집단에 제공되는 긴요한 돌봄이다. 사회적 약자의 소외 문제, 고독 문제, 건강 문제, 역할 상실, 용돈 문제, 차별, 소외, 고독, 자살 등을 해소하기 위한 돌봄이다.

이러한 돌봄을 요양원, 병원, 보건소, 치매요양원, 상담소, 복지관, 재가복지센터, 일자리 마련 센터, 자원봉사센터 등 세팅에서 현대적 기술, 기구, 장비, 시설, 통신교통수단 및 전문 인력을 갖추어 실행하고 있다. 이 돌봄 서비스 세팅으로서의 시설들을 다음과 같이 구별해 볼 수 있다.

주거복지시설, 의료복지시설, 여가복지시설 재가시설, 보호기관, 공익단체(생활지원, 가정봉사, 사회봉사)

조직이 제공하는 사회적 돌봄을 원하는 사람 수는 해마다 늘고 있다. 생활이 어려운 사람의 건강, 수입, 고용, 주거, 여가, 인권, 지식, 교육, 사회 참여 등에 대한 다양한 욕구를 충족하는 과업을 위에 제시한 돌봄 시설과 공익 단체-조직-가 수행한다. 다양한 돌봄이 여러 지역의 다양한 세팅에서 다수 제공자에 의해 뭇사람에게 전달되고 있다. 즉 조직이 제공하는 돌봄이 다공화되고 있는 것이다.

다공화된 돌봄을 이끄는 힘

다공화로 이끄는 힘은 공(公) 활동을 하는 조직/단체의 설립 이념이라고 본다. 마치 교향악단 지휘자가 수다한 음을 합쳐 교향된 음을 이룩하여 관중을 위안하려는 신념과 같은 것이다.

이러한 신념은 조직의 기본 이념을 반영한 정체성으로 천명되어 있다. 예로 선명회의 경우는 기독교적 정체성이다. 이러한 이념이 공(公)을 위한 돌봄 조직, 예로 다음에 거론하는 선명회와 어린이재단 그리고 중화복지관과 강남시니어클럽과 같이 여러 전문인이 여러 지역 세팅에서 수행토록 이끄는 강력한 힘이 되고 있다.

확산적 시각

단 하나의 돌봄으로 시작된 조직도 시간이 흐름에 따라 성장하면서 복수의 하위 체계로 분화되어 여러 세팅에서 복수의 작업 부서를 이루어 다수 고객에게 여러 유형의 돌봄을 제공하게 된다. 이런 다공화 현상은 우리 주변의 사회복지조직에서 지속적으로 일어나고 있다.

사실 복지관, 요양원, 보육원, 교도소, 상담소, 보건소 등 조직은 정도의 차이는 있지만 여러 세팅에서 여러 부서로 나누어 돌봄 유형을 다변화해서 여러 제공자가 여러 개인, 집단, 지역 사회에 제공하고 있다. 이런 현상은 특히 대규모 조직의 경우 드러나 보인다. 하지만 소규모 조직에서도 다공화가 이루어지고 있다.

나라의 국력과 경제력이 신장되고, 개인과 사회의 사회복지에 대한 관심과 욕구가 증대하며, 돌봄 요원들의 행정·관리 및 돌봄 방법에 대한 전문성이 고양됨에 따라 다공화는 현저해지고 있다. 다공화는 조직이 성장하여 돌봄 활동을 확장해 가는 과정이라고 볼 수 있다.

제7장에서 대규모로 다공화된 조직으로서 선명회와 어린이재단을 들고, 소규모로 다공화된 조직으로 노인복지관과 노인 일자리 마련 시설을 들어 운영 실태를 살펴보고자 한다.

목표 지향적 노력

다공화 현상이 일어남에 따라 여러 하위 조직이 제공하는 돌봄을 종합하여 본부 조직(모체)의 총체적 목표를 달성하게 된다. 각 하위 조직은 본부 조직의 정체성을 간직하며 이 목표를 지향하는 돌봄 활동을 가끔 하위 세팅에서 실행한다.

크게 나누어 사회(외부)를 위한 외부지향적 목표와 조직체 자체

(내부)를 위한 내부지향적 목표의 두 가지 목표를 수행한다. 각각의 하위 단위의 활동 영역과 인력이 소규모, 소수로 제한되지만 공동 목표를 현장에서 수행해 나가야 한다. 즉 다음에서 제시, 해설하는 두 가지 목표(2원적 목표)를 추구함으로써 본부 조직의 기본 목표 수행에 기여하게 된다. 이러한 다공화된 조직이 목표를 효과적으로 수행하는 데 관한 조사 자료는 아직은 미비한 실정이다.

다음 장에서 조직이 이원적 목표를 수행하면서 부딪치는 행정적 어려움에 관해서 탐색해 보고자 한다.

제5장

사회복지조직과
2원적 목표 추구

1. 중시적(mezzo) 접근을 하는 조직

조직은 거시적(巨視的 macro)인 사회복지정책을 수렴, 조정해서 미시적(微視的 micro)인 돌봄으로 전환, 개발하여 사회 현장에서 고객에게 전달하는 중간 역할, 즉 중시적(中視的 mezzo)인 기능을 한다. 가족적 및 사회적 문제와 정신적 및 신체적 질환을 가진 사람이 많아짐에 따라 이러한 중시적 접근을 하는 조직의 활동이 매우 늘게 되었다.

조직이 중시적 기능을 수행토록 정체성, 리더십, 전문 인력, 재정 자원, 유연성, 커뮤니케이션 네트워크 등을 갖추어 돌봄 프로그램을 운영토록 지원, 관리, 평가, 개선하는 것이 곧 사회복지 행정의 주요 과업이다. 거시-중시-미시 접근에 적용되는 지식과 방법은 상호 연계, 보완하는 관계를 갖는다. 그래서 중시적 기능을 하는 조직은 거시적 및 미시적 실천과 연계, 동참하게 된다.

2. 사회복지 행정의 주요 영역

중시적 접근을 하는 조직이 행정의 묘를 기해야만 정책이 제정한 바 돌봄 사업을 사회 현장에서 효과적으로 실행할 수 있다. 이렇게 볼 때 사회복지 행정은 거시적인 정책과 미시적인 실천을 연계하는 매개 역할을 한다. 고객 한 사람의 내면적 세계를 파헤치고 문제해결에 전념하는 미시적 케이스워크의 차원과 정치·경제·사회의 넓은 거시적 차원을 고려해서 돌봄 사업의 방향을 잡아 실천해 나가는 독특한 영역이다.

이러한 행정의 영역을 다음 4가지로 구분할 수 있다.

첫째, 사회복지조직 운영 방침 설정 및 집행이다. 조직의 인간 중시적 설립 이념(정체성)을 발현하기 위한 구체적 방침을 설정하여 이 방침을 실현하기 위해서 지방자치단체(정부)의 정책과 시행 세칙 검토, 운영 자원 확보, 지역 내 유관 기관과의 교류, 지역의 인구학적 변동 파악, 새로운 돌봄 방법 확보, 지역의 정치적 상황 분석 등의 작업을 주로 행하면서 돌봄 사업을 운영해 나간다.

둘째, 돌봄 전달 체계 관리다. 사회를 위한 돌봄 프로그램에 대한 총괄적 방침과 각종 돌봄의 우선순위를 정한다. 이 사업이 지역사회에 미치는 영향과 아울러 사회 환경이 조직에 미치는 영향을 살펴 나간다. 운영 방침을 구체적 돌봄 사업으로 전환하여 환경 변화에 따라 이를 수정해 나간다. 고객을 위한 인간 중시적 돌봄에 최대한의 에너지를 투입한다. 조직 목적을 돌봄을 통해서 실행하고, 개혁 내지 조정이 필요한 사항을 상부에 건의하며 전달 체계를 개선해 나간다.

셋째, 내부지향적 실천에서는 조직 성원들의 활동과 이들을 위한 인간 중시적 대우가 주요 관심사가 된다. 성원이 행하는 돌봄의 평가와 개선이 이루어진다. 아울러 성원의 훈련 및 교육과 보상 및 후생 복리를 위한 과업을 수행한다.

넷째, 돌봄 프로그램 모니터링, 평가, 개선이다. 조직의 외부지향적 목표인 돌봄 전달 상황을 지속적으로 감독, 점검해 나가고, 주기적으로 평가, 개선해 나가는 노력이 필요하다. 돌봄 사업이 확장되어 다공화되는 맥락에서 다수 지리적으로 분산된 세팅에서 운영되

는 개개 프로그램을 점검, 평가, 개선하는 일은 긴요하고도 벅찬 과
업이다.

중심적 역할을 하는 조직

이러한 행정의 4개 영역을 살펴볼 때 조직이 사회복지의 중심적
위치를 차지함을 알 수 있다. 다시 말해서 조직은 돌봄 사업의 운
영 방침을 수렴하여 이 방침을 분석, 소화해서 인적 및 물적 자원
을 적절히 분배, 활용하여 사회가 필요로 하는 돌봄을 개발, 평가,
개선해서 전달하게 되는 것이다.

운영 방침은 돌봄의 개선과 직결되어야 한다. 중복되거나 단편적
이거나 비연속적인 돌봄을 시정, 돌봄에 대한 접근성을 증대하며,
고객의 참여를 권장하고, 돌봄 프로그램을 인간 중시적으로 운영하
는 데 관심을 집중해야 한다. 이러한 상황을 보아 사회복지 행정의
대상인 조직은 거시적인 정책이나 미시적인 사업을 중매하는 연결
고리 역할을 하는 활동 영역을 차지하고 있음이 분명하다.

3. 조직에 대한 주요 시각

앞서 제시한 사회복지 행정의 기본 과제는 위와 같은 중시적 접
근을 하는 조직을 효과적으로 운용토록 엔지니어링하는 것이다. 조
직은 사회가 요청하는 돌봄을 전달하는 긴요한 역할을 한다. 조직
하나하나가 돌봄 프로그램을 효과적으로 운영하는 정도에 따라 나
라의 사회복지정책이 실현되는 정도가 결정될 수 있다고 본다.

따라서 사회복지 행정을 연구하는 데 있어 중심 역할을 하는 조직의 생리와 행태를 이해함은 필수 과제가 된다. 조직이론(organization theory)을 기틀로 하여 사회복지를 행하는 조직에 관한 실용적 연구를 하는 과제다.

[주: 조직 연구를 위한 참고 서적이 출간되고 있다. 임창희, 2020, 『조직행동』; 김병섭, 박광국, 조경호, 2015, 『휴먼조직론』; Y. Hasenfeld, 성규탁 역, 1997, 『사회복지행정조직론』; 조석준, 1985, 『조직론』; 유종해, 이득로, 2015; 『현대행정학』; 성규탁, 1988~2003, 『사회복지행정론』; 황성철, 정무성, 강철희, 최재성, 2005, 『사회복지행정론』 등]

사회복지 돌봄은 조직을 발판으로 기획, 편성되어 전달된다. 조직(시설)을 운영하는 관리자는 물론 이 조직을 세팅으로 돌봄을 전달하는 사회복지사 등 요원들도 전문인으로서의 생존을 위해 이 조직에 대한 기본 지식을 갖출 필요가 있다(Hasenfeld, 성규탁 역, 1997; 성규탁, 1988~2003).

조직에 관한 이론은 현대 행정학의 바탕을 이루고 있다. 사회복지 행정뿐만 아니라 공공(정부) 행정, 기업 경영, 보건 행정, 병원 행정, 경찰 행정, 도서관 행정, 복지관 행정 등 모든 행정을 다루는 분야에서 조직학은 행정에 관한 연구 및 실천에 관한 기본적 지식, 이론 및 방법을 제공해 준다.

다음에 행정을 하는 데 유의해야 할 조직에 관한 주요 시각 내지 관점의 흐름을 간추려 보고 아울러 이 관점의 인간 중시적 및 비인간 중시적 특성을 구별해 보고자 한다.

조직에 대한 주요 이론적 시각

일찍이 M. Weber(1947)가 제시한 관료제는 합리적 규칙에 바탕을 두고 효율성(경제성을 띤 생산성) 달성을 목적으로 하는 통제체제다. 조직의 외부지향적 목표에 중점을 두는 접근이다.

하지만 관료제는 바람직하지 못한 역기능을 자아낸다. 관료제 조직은 조직 성원을 위계적 권위와 공식적 규칙에 얽매이게 하여 이들이 과업을 판에 박힌 듯이 수행토록 규제한다. 게다가 사람들을 조직 앞에서 무기력하게 만들고 조직으로부터 소외시키는 성향이 짙다. 더욱이 조직 내 성원들의 사회 관계(인간적 차원)를 무시하였다(Hasenfeld, 2009; Gambrill & Gibbs, 2017). 이러한 속성을 보아 인간 중시적 조직 형태라고 보기 어렵다.

이 관료제가 대두한 시기에 F. Taylor(1947) 등 과학적 관리론자들은 조직 성원의 작업 동작과 작업에 소요된 시간을 계량적으로 비교 분석하여 이에서 나오는 결과를 바탕으로 성원에게 금전적 대가를 지불하면 조직은 합리적으로 생산성을 높일 수 있다고 주장하였다. 이도 역시 외부지향적 목표달성만을 중시하는 접근이며 조직 내 인간 관계를 고려하지 않았다. 따라서 인간 중시적 성향이 미흡한 접근이라고 볼 수 있다.

위와 같이 Weber와 Taylor는 조직을 폐쇄적인 (개방적이 아닌) 체계로 다루었다. 조직 내 성원들의 사회 관계와 조직과 환경과의 관계를 무시했으며 조직 간부만이 조직 목적을 설정토록 했고, 설정된 목적은 변하지 않는 것으로 보았다. 외부지향적 목표만을 중시하고, 내부지향적인 조직 내 인간 관계와 권력 배분을 둘러싼 역동적인 사회 관계를 다루지 않았다.

요약해서 조직은 합리적으로 과학적 원리에 따라 구성, 운영되며 성원들은 임금을 주고 통제하면 생산성을 올리는 경제적 도구가 된다고 보았다. 인간의 속성을 단순한 기계 또는 도구와 같이 보고 성원에 대한 인간적 대우와 관련된 윤리도덕적 차원을 다루지 않았다(Hasenfeld, 성규탁 역: 31). 하지만 조직의 합리성을 강조한 점에서 조직의 외부(사회)지향적 목적(업무 실적, 생산성 증대)을 중시한 특성을 갖춘 것은 사실이다.

그러나 위와 같은 합리적 접근에 대한 대안을 제시한 인간 관계론자는 조직 성원의 태도와 감정, 인간 관계, 작업장의 사회 심리적 분위기 등 조직 내부적인 인간적 요인이 작업 수행에 커다란 영향을 미친다는 사실을 입증하였다. 조직 내 인간 관계적 요인과 업무 실적(생산성) 사이의 긍정적 관계를 증명하는 데 초점을 두고, 위와 같은 합리적이고 통제적인 운영보다는 성원을 지지, 보상하며 의사 결정에 참여시켜 그들의 개인적 욕구와 조직의 목표 사이의 조화를 이루게 하고 이들의 작업 동기를 유발하여 조직을 위해 헌신토록 민주적, 관용적, 참여적, 지지적으로 유도함으로써 업무 실적을 올릴 수 있다고 보았다(Perrow, 2014; Likert, 1987; Katz & Kahn, 1978). 조직 내부 성원에 대한 인간 중시적 시각이 드러난 것이다.

이어 J. March와 H. Simon(1958)은 조직의 합리성을 강조한 관료제 및 과학적 관리와 합리성을 약하게 다루는 인간 관계론의 대조적 관점을 의사 결정론을 통해 연계시키는 타협적 접근을 하였다. 인간의 합리성에는 한계가 있어 작업 수행 결과와 장래 일어날 상황을 완전히 파악할 수 없다. 따라서 관리자는 과거의 경험을 바탕으로 당면한 문제를 선택적으로 파악하여 이를 조직 내 인간 관계적 관습에 맞추어 현실적인 의사 결정을 해서 (완전하지는 못할지라도) '만족할 만한' 해결 방안을 찾아야 한다는 것이다. 이 접근에서는 인간 중시적 시각을 엿볼 수 있다. 그러나 이 의사 결정 모델은 조직의 환경적 조건과 조직 내 권한과 자원의 분배, 갈등 및 긴장의 해소 등에 관한 구조적 문제를 다루지 못했다.

이어 P. Lawrence와 J. Lorsch(1967)를 비롯한 상황적합론자들(contingency theorists)은 개방 체계인 조직의 환경 내 유관 집단들과의 상호 작용을 중요시 했다. 환경으로부터 오는 요청과 우연성(불확실한 상황으로 인하여 일어나는 일)에 대응하기 위해 조직은 구조를 수정, 변화해야 한다고 했다. 즉 환경(사회)이 필요로 하는 돌봄을 제공하기 위해 돌봄 방법을 선택하여 이 방법을 적용하는데 알맞은 유연성 있는 조직 구조를 갖추어야 한다는 것이다(임창희, 2020: 38). 그러나 이 이론은 환경적 영향에 치중한 나머지 조직 내부의 의사 결정을 포함한 인간관계적-인간 중시적-요인을 다루는 데 제한적이다.

이후 R. Merton(1940), T. Parsons(1970), D. Katz와 R. Kahn(1978) 등 자연체계론자들은 조직은 개방 체계로서 항상 변하는 환경 속에서 자체 생존과 유지를 지향하는 상호의존적 하위 체계들로 이루어진다고 보았다. 이와 같이 체계이론이 비로소 조직의 외부지향적 목표와 내부지향적 목표를 함께 성취하는 접근을 제시하였다. 이 접근은 폐쇄적 및 개방적 관점을 종합한 접근이라고 본다. 특히 조직 외부(사회, 환경)와의 관계 그리고 조직 내부의 인간적인 사회 관계를 함께 다룬 접근이다.

즉 조직 외부에서 자원(고객, 원료)(input)을 도입하여 이를 사회적 기대에 맞게 조직 내부에서 가공(돌봄 서비스를 제공해서 변화시킴)(processing/throughput)하여 사회(환경)로 배출(output)하는 과정을 분명히 하였다. 요약하면 조직의 외부지향적 기능과 내부지향적 기능을 인간 중시적 시각에서 연계, 종합하는 접근이라고 볼 수 있다.

$$input \dashrightarrow throughput \dashrightarrow output$$
$$(processing)$$

덧붙일 요건은 조직 행정에서 IT 시대 통신(커뮤니케이션)의 중요성이 강조되고 있는 사실이다. 고객과 제공자, 성원과 관리자, 조직과 지역사회(감독체, 협력체, 지원자 등) 간의 인터넷, 무선 매체 등으로 이루어지는 대량의 교신과 기록을 신속히 교환, 수집, 저장하는 디지털 관리가 새 시대 조직 운영에 필요불가결하게 된 것이다(Kupritz & Cowell, 2011; Diggins, 2004).

이상과 같이 연구자들은 조직에 대한 다양한 시각을 제시하였다. 조직을 이해하는 데 이 모든 시각은 유용하며 필요하다고 본다. 하지만 조직이라는 복합적인 사회 체계에 대한 시각이 서로 다르게 제시되고 서로 다른 체계의 속성을 강조 내지 주장하였다. 따라서 조직이 처해 있는 특정한 상황에 따라 선별적으로 이러한 시각과 주장을 고려, 적용해야 한다고 본다.

이러한 맥락에서 조직 이론은 적어도 다음과 같은 해설을 할 수 있어야 한다고 본다(Hasenfeld, 성규탁 역, 1997: 122~158; 성규탁, 2003: 11~14).

① 조직 전체에 초점을 두는 동시에 조직 내부의 구조와 과정을 설명함.

② 조직과 환경 간의 관계를 체계적으로 다룰 수 있음.

③ 조직이 변하는 양상을 설명함.

④ 조직과 고객 간의 인간 중시적 관계를 설명함.

⑤ 돌봄 방법을 규정하고 선택하는 과정을 설명함.

⑥ 조직이 간직한 이념(가치)과 정체성을 설명함.

위와 같은 종합적 해설을 하는 시도로 M. Zald(1962)의 정치 경제적 시각을 들 수 있다. 이 시각은 조직 내부와 외부에서 작용하는 정치적 변인(권력 분배, 사회를 위한 목표 수행, 자원 획득 및 분배, 감독 및 규제 등) 간의 다양한 상호 작용에 초점을 두어 자연 체계론적 시각, 의사결정론적 시각, 상황적합론적 시각 등을 종합한 것이다(Hasenfeld, 성규탁 역, 1997).

이상과 같은 일련의 이론에서 대체로 두 가지의 커다란 관점이 드러난다. 앞서 제시한 Burns와 Stalker의 기계적 및 유기적 특성과 유사한 관점들이다.

한 가지 관점은 조직을 통제 체제로서 폐쇄적이고 기계적(mechanistic)인 것으로 보고 이를 합리적으로만 관리한다면 효율성(경제적으로 이루는 생산성)을 최대한으로 올릴 수 있다는 것이다. 다른 관점은 조직을 사람들의 사회 관계가 이루어지는 유기적(organic) 개방 체계로 보고 환경적 요인과 조직 내부의 사회적 체계를 상호 조정함으로써 자체의 생존과 아울러 효율성을 올릴 수 있다는 것이다.

어느 접근이든 외부(사회)의 고객과 내부(조직)의 성원을 다 같이 인간 중시적으로 다루는 조직 운영에 관심을 두고 관찰, 분석해 나가야 한다고 본다. 따라서 다음 절에서 논의하는 2원적 목표의 틀에 맞아 들어가는 접근을 고려할 수 있을 것으로 본다.

조직에 대한 시각과 유의할 점

위에 간추려 제시한 다양한 이론은 조직을 이해하는 데 다변수적이고 다차원적인 시각을 가져야 하며, 조직의 외부지향적 및 내부지향적 활동을 종합적으로 다루어야 하고, 아울러 조직의 정체성과 인간 중시적 성향을 식별해야 함을 알려 준다.

조직의 합리적 목표 추구를 강조한 관료제와 과학적 관리론, 합리적 접근과 인간 관계를 함께 다룬 타협적 접근, 조직과 환경과의 상호 교환을 중시한 상황적합적 및 개방체계론적 시각, 이러한 시각과 접근의 상호 연계를 시도한 정치 체계적 시각, 그리고 조직의 유기적 속성을 해명한 이론은 모두가 조직의 외부지향적 및 내부지향적 활동을 연구하는 데 개별적 및 집합적으로 숙지해야 한다고 본다.

하지만 위의 일련의 이론적 시각은 조직이 우선적으로 달성해야 할 효과성에 대해 구체적이고 선용할 수 있는 방법을 제시하지 못했다(Hasenfeld, 성규탁 역, 1997; Perrow, 2014). 이러한 방법을 찾아보기 위해서는 다소간 상이한 각도로 조직에 관한 이론적 궤적(track)을 추적해 볼 필요가 있다고 본다. 조직의 효과성을 검정하는 데 다음 논의하는 Mohr의 2원적 목표의 틀을 적용함은 이러한 이론적 궤적에 준거하는 것으로 볼 수 있다.

4. 조직의 효과성 지향

사회복지조직은 고객과 사회를 위한 특정한 목표를 달성하기 위해 의도적으로 설립되었다. 소위 사회적 목표(social goal)를 성취하기 위한 것이다(Perrow, 2014). 조직은 이러한 외부(사회)지향적 목표를 달성하는 대가로서 사회로부터 자체 유지 및 생존에 필요한 자원을 얻고 사회적 존립 타당성을 인정받게 된다.

조직이 이 외부지향적 목표를 성취하는 정도는 (조직 내부의) 성원들의 업무 수행과 (조직 외부의) 환경(사회)을 위한 기여에 따라 결정된다. 따라서 조직 내부적으로는 관료제적 통제를 억제하여 성원들에 대한 부당한 긴장이나 압력을 최소화하고 이들을 보상, 지지해 주며, 이들의 작업 동기를 유발하여 외부지향적 목표를 성취하도록 이끌어야 한다. 이러한 목표지향적 활동, 즉 효과성 달성을 위한 활동을 종합적으로 평가하기 위한 개념적 틀이 필요하다.

하지만 전술한 바와 같이 조직의 효과성을 분석하는 데 상충되며 상이한 이론적 모델에 따라 다양한 효과성 검증 방법이 적용돼 왔다. 간추려 보면 다음 세 가지 방법이 적용되고 있음이 드러난다(Hasenfeld, 성규탁 역, 1997).

① 조직의 목표 달성 또는 산출된 결과에 대한 평가에 초점을 두는 방법(목표 달성 접근, the goal attainment approach)
② 조직 성원들의 특정한 태도 또는 행태에 초점을 맞추는 방법(태도·행태적 접근, the attitudinal & behavioral approach)
③ 조직과 환경 간의 상호 작용 과정과 관련된 요인에 초점을 맞

추는 방법(과정적 접근, the process approach)

이 세 가지 중에서 목표 달성 평가가 가장 널리 지지, 활용되고 있다(Locke & Latham, 2009; Hasenfeld, 2009; 이민홍, 정병오, 2020). 이 책에서 논의하는 2원적 목표 접근은 목표 달성 접근의 범주에 속한다.

조직 목표에 대한 시각

조직이 달성해야 할 목표에 대해서 연구자들은 다음과 같은 경험적이며 현실적인 견해를 제시하였다.

개방적 시각을 가진 연구자들은 조직은 단 하나의 목표를 달성하는 합리적 도구가 아니며 다양하고 변동하는 복수의 목표들을 추구한다고 본다. Selznick(1943)은 조직의 목표가 비공식적으로 수정되고, 포기되고, 개정되는 상황을 목격하고 목표는 공식대로 합리적으로 추구되지 않음을 확인하였다. Starbuck(1965)은 조직의 목표는 환경적 요인 때문에 그대로만 달성될 수 없으며 성원들은 현실적인 목표를 추구해 나간다고 보았다.

이와 같이 Weber와 Taylor의 합리주의적 시각에 부합되지 않은 조직 목표의 수행이 드러난 것이다. 이러한 조직의 현실적인 목표 수행에 대한 시각은 그 후 다수 연구자들의 지지를 받게 되었다.

사실 사회복지관, 정신병원, 교정기관 등 사람 돌봄 조직은 두 개 이상의 복수적 목표를 추구하고 있다. 교정기관의 경우 치료적 목표와 구금적 목표를 들 수 있고, 사회복지관의 경우는 주간 보호, 식사 제공, 문화 교육 등을 들 수 있다. 이런 목표의 중요성은 사회적 신념 체계, 관리자와 제공자의 가치관, 고객의 욕구, 제공자의 전문성 등 요인에 따라 달라진다. 사실 조직 목표를 선정하는 과정에는 여러 개인과 집단이 가담하여 협상하며 조직 내외의 정치, 경제적 상황이 이 협상에 영향을 미친다. 개방 체계인 조직은 이러한 복합적 요인들이 작용하는 맥락에서 목표를 설정해서 수행하게 된다.

조직 효과성을 평가하는 데 다루어야 할 기초적 과제는 이런 맥락에서 설정된 목표를 측정할 수 있도록 분화, 구분하는 일이다. 이는 결코 쉬운 일이 아니다. 왜냐하면 조직은 한 개 이상의 목표를 가지며 이 목표들은 흔히 상호 충돌하고 수정, 변경된다. 게다가 조직 내 여러 집단은 서로 다른 목표를 내세운다. 더욱이 다양한 돌봄 서비스를 다수 돌봄 세팅에서 제공하는 다목적으로 운영되는 다공화된 조직의 경우 목표의 성취도를 측정하는 데는 위에서 논의한 조직에 대한 다각도의 검정과 이해가 필요하며 전문적인 질적 및 계량적 측정 기법이 적용돼야 한다.

한편 목표를 어떻게 정의하고 누가 목표 달성을 측정할 것인가에 대한 견해도 분분하다. 게다가 목표의 개념 자체를 정의하는 기초적 문제가 있다. 사회복지조직은 흔히 다양하고 불확실하며 때로는 상호 모순되는 목표를 간직하기 때문이다(Hasenfeld, 성규탁 역, 1997).

이런 맥락에서 앞서 거론한 Selznick과 Starbuck이 조직 목표는 공식대로 합리적으로 추구되지 않으며 조직성원은 현실적으로 필요하다고 보는 목적을 선택, 추구한다는 시각도 참작해야 한다고 본다. 덧붙일 요건은 조직 목표는 측정이 가능해야 하고, 성취할 수 있어야 하고, 달성할 시간적 범위가 정해져야 한다. 조직 목표에 대해 직접적이고 포괄적으로 정의를 내리려는 시도는 별로 많지 않았다.

일찍이 Parsons(1970)는 조직의 목표를 초대 체계(the super ordi nate system)의 기능으로 보았다. 그의 견해는 직관적이고 구체적이지 못했으며 당연시되는 사회적 기능과 실제적으로 조직이 추구하는 목표를 혼돈하는 경향이 있다. Etzioni(1964)는 조직의 생존을 위한 활동 능력으로 보는 체계생존모델(the system survival model)을 효과성 기준으로 제안했다. Simon(1964)과 공동 연구자들은 조직 내의 인간 행태를 연구하는 데 있어 일련의 제약 조건들을 내세웠다. 어떤 목표를 달성하려면 여러 집단이 제시하는 다양한 요구 조건을 균형을 이루어 충족시켜야 한다는 것이다. 즉 항상성(homeostasis)을 이루는 것이다. 그러나 각 목표를 달성하는 데 일어나는 수많은 제약 조건을 정의 내리기는 매우 어렵고 분석하기가 벅차며 방대하다. Yuchtman과 Seashore(1967)는 조직의 효과성이란 자원 확보 능력이라고 제안하였다. 이 제안과 비슷한 체계자원적(system resourse) 접근은 조직에 유입되는 자원의 흐름을 효과성 기준으로 삼고 있다(Molner & Rogers, 1976). 하지만 조직 목표를 내포하지 않은 자원 확보는 효과성 기준으로 적용할 수가 없다고 본다. 조직의 목표를 보다 더 종합적으로 개념화하기 위한 설명적 모델이 필요하다.

5. 2원적 목표 수행

저명한 연구자들은 조직을 효과적으로 운영하는 데 관한 위와 같은 다양한 시각을 내세웠다. 하지만 모두가 효과성을 포괄적으로 설명하는 이론적 틀을 제시하지 못하였다(Cho, 2007; Molner & Rogers, 1976). 효과성에 대한 해명이 제한적이고 일방적이며 조직의 다양한 속성을 다각도로 고려해서 해설하지 못한 것이다(Perrow, 1970).

외부지향적 목표와 내부지향적 목표의 대두

이러한 혼돈되고 방향을 잡기 어려운 판국에 획기적인 이론적 틀이 등장하였다. University of Michigan 공공정책학 교수 L. Mohr(1973)의 '2원적 목표'(二元的 目標 the dual-goal)의 이론적 틀이다. Mohr는 조직은 2가지의 독립적이면서도 밀접히 연계된 목표를 추구한다고 했다. 즉 이행적(移行的 transitive) 목표와 반사적(反射的 reflexive) 목표를 추구한다고 했다.

이행적 목표는 외부지향적 목표로서 조직 외부인 사회를 위한 목표를 말한다. 이 목표를 달성하기 위해 조직은 고객과 사회를 위한 사회복지 돌봄 프로그램을 실행한다. 즉 돌봄 서비스를 외부(사회)로 전달함으로써 사회가 기대 또는 요구하는 영향을 사회에 미치는 것이다. 이 목표는 조직이 달성해야 할 공식 목표에 해당한다.

반사적 목표는 내부지향적 목표로서 조직 자체의 생존 내지 유지를 위한 것이다. 조직 성원들에게 합당한 보상을 주어 이들이 조직을 위해 서로 제휴하여 적절히 공헌하도록 유도하는 데 주 목적이 있다. 따라서 이 목표는 조직 자체를 위한 것이다.

이 두 가지 목표에 대해서 좀 더 살펴보고자 한다.

외부지향적 목표는 조직이 산출하는 결과(돌봄, 업무 실적)가 사회가 기대하는 바 어떤 기획된 영향을 끼침을 말한다. 이러한 결과는 조직의 돌봄 서비스 전달 체계가 운영하는 돌봄 프로그램에 의해서 이룩할 수 있다. 즉 프로그램을 통해서 사회(개인, 집단, 지역사회)의 어떤 바람직하지 못한 조건을 변화 또는 개선하는 것이다. 이러한 외부지향적 목표는 여러 개의 하위 목표를 가질 수 있다. 복수의 돌봄 프로그램을 통해서 이 목표들을 달성할 수 있다. 조직이 이런 외부지향적 목표를 강조하는 정도는 프로그램 운영에 투입하는 인적 및 물적 자원의 질과 양을 검토하면 알 수 있다.

조직으로서는 이런 외부지향적 목표와 아울러 내부지향적 목표가 동등하게 중요하다. 두 목표는 서로 보완, 지지하는 관계에 있기 때문이다. 따라서 두 목표는 평형(밸런스)을 이루어 달성되는 것이 바람직하다. 조직은 때에 따라 한 가지 목표를 더 강조할 수 있다. 그러나 외부를 위한 목표 아니면 내부를 위한 목표 한쪽에 상당한 기간 더 많은 자원을 투입해 간다면 바람직하지 못한 조직 목표의 전치(轉置 displacement) 현상이 일어날 수 있다. 조직 목표의 중요성 정도가 뒤바뀌거나 평형을 이루지 못하게 되는 것이다.

앞서 논의한 Simon의 시각에 따라 조직은 내적 및 외적 환경과 연관된 여러 활동의 항상성(homeostasis: 상호 연관된 여러 요인이 고르게 평형을 이루는 상황)을 유지하는 하나의 개방 체계로 볼 수 있다. 이 체계에서는 내적 효과성 기준이 높게 달성될 경우 외적 효과성 기준도 크게 성취될 가능성이 있다.

따라서 2원적 목표의 개념으로는 조직의 효과성을 조직 내부의 성원들을 위한 Likert가 상술한 인간 중시적 대우뿐만 아니라 Perrow가 중시한 외적 환경의 고객에 대한 인간 중시적인 사회적 돌봄과도 연계해서 고려해야 하겠다. 두 가지의 대조적이면서도 상호 의존적인 목표에 같은 무게를 두는 것이다. March와 Simon의 조직의 합리성과 조직 내 체계 운영을 연계하는 타협적 접근이다. 그래서 두 개의 효과성 영역(效果性領域 effectiveness domain)-외부지향적 효과성 영역 및 내부지향적 효과성 영역-으로 이루어진 목표 지향 활동의 영역을 구별할 수 있다. 각 영역에서 타당하고 합의되는 하위 목표 또는 이를 지지하는 활동을 선정해서 이를 지표로 삼아 효과성을 검정할 수 있다.

6. 2원적 목표 추구와 효과성 지향

인간관계론과 개방적 체계론을 지지하는 연구자들은 Weber(관료제)와 Taylor(과학적 관리)의 합리주의적이고 폐쇄적인 접근은 이론적으로 허약함을 지적하고 이에 대한 대안적 접근을 개발하게 되었다.

이들은 전술한 바와 같이 조직이 내부적으로 해야 할 일은 성원들이 자기 존중감을 북돋워 개인적 성취감을 갖도록 하여 조직을 위해 활동할 동기를 유발토록 하는 것이라고 주장하였다. 분명히 현대적 조직은 외부(사회, 환경)를 위한 어떤 목표를 합리적으로 달성하기 위해 의도적으로 설정된 것이다. 하지만 이 조직은 인간적 감정을 간직한 성원들로 이루어진 사회 집단이라는 엄연한 사실을 인식해야 한다.

1) 외부지향적 목표의 인간 중시적 달성

사회복지 조직은 위와 같이 사회를 위한 목표를 합리적으로 추구하는 특성을 간직한 것이 사실이다(Perrow, 2014; Hasenfeld, 성규탁 역, 1997: 122~158;). 이 특성은 관료제에서 그리고 과학적 관리에서 각각 규명되었다. 이 두 접근은 다 같이 공식적 조직은 분명히 제시된 목적을 달성하기 위해 설립된 합리적인-계획된 바와 꼭 들어맞고, 논리적이며 사람의 감정이나 기호로부터 영향을 받지 않은-수단 또는 기제라고 보았다. 이러한 시각으로 다음과 같은 가정을 내세웠다.

즉 조직은 달성하고자 하는 목표를 분명하게 설정해서 공시하고, 산출하고자 하는 결과를 예측 또는 예정할 수 있고, 이런 결과를 이룩하기 위해 목표지향적인 공식 구조(성원들의 정실에 구애되지 않은 상호관계)를 갖추어 이를 통해 인적 및 물적 자원을 합리적으로 조작할 수 있다는 것이다. 이러한 접근은 목표 성취를 강조함으로써 조직의 탄생과 존재 이유를 정당화하는 장점이 있는 것이 사실이다.

하지만 이 접근은 앞서 개방론자들이 역설한 바와 같이 조직을 유지하는 데 필요한 성원들의 인간적인 상호 작용 및 협조·기여와 환경에 대응하는 조직성원의 유연성을 고려하지 못하는 제한점이 있다. 다시 말해서 합리주의적 접근은 조직을 구성하는 성원(인간)의 행동은 Selznick과 Starbuck이 지적한 바와 같이 반드시 합리적으로만 이루어지지 않는다는 사실을 경시한 것이다(임창희, 2020).

2) 내부지향적 목표의 인간 중시적 달성

사회조직의 목표 달성이란, Parsons(1970)가 지적한 바에 의하면, 조직이 달성코자 하는 여러 가지 과업 가운데 한 가지에 불과하다. 목표 달성을 제외한 필수적 과업이란 모두가 조직 자체를 유지하는 것이다.

이 유지의 뜻을 Bales(1969)는 다음과 같이 설명하였다. 집단 내 리더십을 연구하는 과정에서 과업 달성 임무를 띤 소집단에 대해 실험, 조사하였는데 이 소집단을 이끄는 과정에서 집단 성원들이 흔히 대립, 충돌하여 사회 관계가 악화되어 더 이상 집단의 기능을 수행할 수가 없었다. 그래서 이 기능을 회복하고, 성원들에게 적절한 사회적, 감정적 분위기를 유지해 주기 위해 이따금씩 집단 행동을 중지할 필요가 있었다고 한다. Bales는 이러한 유지의 개념을 다음과 같이 요약하였다. 조직의 성원들이 조직을 위해 공헌하도록 하려면 이들이 조화로운 사회 관계를 이루도록 유도하고 이들에게 충분한 보상과 동기를 주어 일할 동기를 유발해 나가야 한다.

University of Michigan의 Likert를 포함한 사회심리학자들(R. Kahn, R. Tannenbaum, S. Seashore 등)은 조직 성원들의 행동을 바람직한 방향으로 바꾸고 관리자 측과 성원 측의 권한을 균등하게 만듦으로써 성원들의 인간적인 성장 및 성취를 이룰 수 있고, 나아가 이들의 생산성을 올릴 수 있다고 믿었다. 이들은 조직이란 사람들의 집합체이며 조직 내의 사람 문제는 곧 개개 성원들의 문제인 것으로 보았다. 그래서 성원들의 만족과 사기를 생산성의 원동력이라고 가정한 것이다.

그런데 위의 연구자들은 만족, 사기, 화합 등과 같은 인간적 성취를 지나치게 강조한 것이 사실이다. 이들이 내세운 주제는 개개 성원이 최대한의 자기 표현을 할 수 있는 조직을 성립하는 것이었고, 이것이 달성되고 난 뒤에 조직은 그 자체의 요청 사항을 충족해도 좋다는 논조다.

같은 대학의 B. Georgopoulos와 A. Tannenbaum(1957)은 조직 내 긴장의 부재와 조직의 유연성을 효과성 기준으로 선정하였다. 이 두 기준은 합리주의자들이 내세운 폐쇄적 체계에서 다루지 못한 인간 중시적 기준이다. 성원들 간의 과도한 긴장을 해소하고 이들의 유연성과 잠재력을 조성하는 조직 구조를 갖추지 않고서는 항상 변동하는 때와 상황에 대응할 조직 내부 체계를 유지해 나갈 수가 없다는 것이다(임창희, 2020: 441).

이어 역시 미시간대학의 D. Katz와 R. Kahn(1978)은 조직이 효과성을 달성하는 데 필요한 행위적 요인으로서 성원들이 조직에 남아 참여하면서 신뢰성 있고 혁신적이며 자발적인 행위를 하도록 유도할 것을 제시하였다. 갈등 및 긴장의 해소와 조직의 유연성은 곧 이 내부 유지의 요구를 충족하는 요인이라고 보았다(Likert 등이 제시한 조직 내부 유지에 필요한 요건을 앞에서 논술하였다.). 이런 요인을 충족함으로써 조직은 자체 성원을 위한 인간 중시적 과업을 성취하는 동시에 환경이 야기하는 변화에도 적응할 수 있다는 것이다. 이 점이 바로 폐쇄적 체계가 소홀히 한 것이다(Luhmann, 2013).

3) 통합적 목표 달성

폐쇄적 접근은 조직의 합리적 특성을 내세웠지만 조직 내부 성원들의 인간적 욕구와 사회 관계를 무시하는 경향이 짙다. 한편 개방적 접근은 성원들의 인간적 충족과 조직의 생존에 초점을 두는 장점이 있으나 외부지향적 목표의 중요성과 조직의 합리성을 강조하지 못했다. 다행히 Gouldner(1959)는 합리적 접근과 체계적 접근을 결합할 필요가 있음을 지적하였다.

일찍이 Roethlisberger와 Dickson(1939)은 합리적 관점과 비합리적 관점을 마치 영구히 떨어져 평행하는 기차 철도의 궤도와 같은 것으로 양립시켰다. 이러한 분립은 복잡한 현대 조직의 행위와 구조를 다루기에는 합당치 못하다. 따라서 보다 더 잘 꾸며진 이론적 틀이 필요하다. 즉 합리적 관점과 비합리적 관점, 그리고 이들 관점과 조직 전체를 체계적으로 연계하는 이론이 필요한 것이다.

사회복지 조직은 자체를 위한 내부적목표뿐만 아니라 보다 커다란 사회를 위한 외부적목표를 달성하기 위해서 의도적으로 조성된 사회 체계다(Perrow, 2014; Katz & Kahn, 1978).

조직의 효과성은 이런 복수적 목표를 어느 정도로 달성하느냐에 따라 결정되는 것이다. 따라서 효과성을 논의하는 데 있어 다원적(多元的) 목표를 달성함이 긴요하다는 사실을 감안해야 한다(Hasenfeld, 성규탁 역, 1985: 122~158). 이원적 목표는 이러한 다원적 목표의 범주에 속한다.

7. 효과성을 알리는 지표

조직이 다공화되어 수다한 하위 체계로 분화되어 각 세팅에서 돌봄 서비스를 제공하는 맥락에서도 각 하위 체계는 제각기 일선 돌봄 세팅에서 2원적 목표를 지향하게 된다. 이러한 맥락에서 2원적 목표의 복합적인 틀을 적용하여 조직의 외부지향적 및 내부지향적 효과성 영역을 설정하고, 각 영역에 따라 앞서 지적한 효과성 평가 방법을 적용할 수 있다고 본다.

이러한 방법을 적용하여 저자가 행한 보건클리닉에 대한 조사에서 두 가지의 목표를 다음과 같이 구별하였다.

외부지향적 효과성 영역에서 다음 2가지 지표를 선정했다.

① 고객에 대한 인간 중시적 돌봄 제공
② 돌봄 대상자 고객의 확보

내부지향적 효과성 영역에서는 다음 2가지를 선정했다.

① 요원들 간 긴장 및 갈등 해소
② 조직의 유연성 증진

이 조사의 대상인 보건클리닉은 위와 같은 지표들이 나타내는 조직의 기능을 바람직하게 수행하지 못하는 고질적인 문제-불량 기능(malfunctioning)-를 간직하고 있었다. 그래서 이 불량 기능들을 해소하여 올바르게 기능하도록 함으로써 효과성을 증진할 수 있을 것으로 가정하였다.

그림 5-1은 보건클리닉의 효과성 영역과 지표가 보편성과 특수
성 측면에서 어떻게 서로 연계, 합치되는가를 보여 주는 계층적 도
표다.

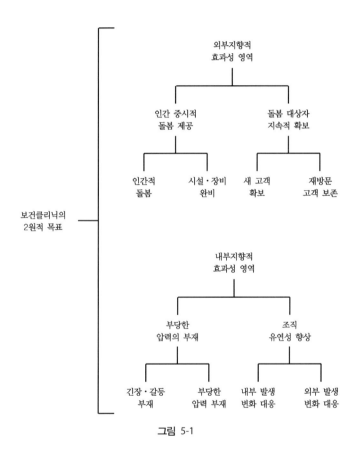

그림 5-1

위의 외부 및 내부지향적 효과성 영역별로 선정한 지표 및 하위
지표들이 클리닉 조직의 효과성을 측정하는 모든 지표를 다 포함한

것은 아니다. 다만 클리닉조직이 이 지표들이 나타내는 조직 기능을 과연 제대로 수행하고 있는가를 검정하기 위해 선정한 것이다. 이러한 조직 기능의 저조함(불량함)은 사회복지조직에서 흔히 발생할 수 있는 문제들이다.

이 지표들은 조직의 돌봄 전달 기능 및 절차를 고려하여 10여 년간 보건학저널에 발표된 수십 편의 논문을 섭렵하여 신중히 선정한 것이다. 클리닉 조직이 효과적으로 목적을 달성해 나가려면 이러한 지표들이 바람직하게 수행돼야 한다는 논문의 공통적 내용에 기틀을 둔 것이다(성규탁, 2003).

효과성 지표를 선정하는 데는 여러 가지 이론적 및 방법상의 문제들이 있다. 그런데 이러한 지표를 선정(가려냄)한다는 뜻은 그 지표들이 가리키는 바와 현실과는 다소간의 차이가 있음을 시사한다.

8. 목표의 분화와 종합

조직 목표의 분화 및 종합

2원적 목표를 이루는 두 가지 목표는 각기 복수의 하위 목표를 가진다. 이 하위 목표를 식별하기 위해서는 목표를 분화하는 작업을 해야 한다. 즉 기본적 목표를 적은 목표들로 나누는 것이다. 이 작업이 끝나면 이 나누어진 하위 목표들을 종합하는 작업을 할 수 있다. 즉 목표의 분화 과정(decoupling process)과 종합 과정(aggregation process)이 이루어질 수 있다.

조직의 목표는 막연하고 추상적이며 구체적이지 못한 경우가 많다. 그래서 조직이 추구하는 자세하고 구체적인 목표를 파악하기가 쉽지 않다. 이러한 어려움 때문에 다목적 활동을 하는 다공화된 조직의 목표를 분석하는 데는 다음과 같은 절차를 밟을 필요가 있다.

목표를 상위 계층으로부터 하위 계층에 이르는 단계에 따라 분화해 내려가고, 이렇게 아래쪽으로 분리된 여러 목표를 다시 위쪽으로 합쳐 올라가 종합을 이룬다.

이와 같이 총체적 목표를 분화하고, 분화된 목표들을 종합해 봄으로써 하위 단위가 세분된 목표를 수행하는 상황을 검토하고 아울러 조직 전체의 총체적 목표를 달성하는 실황을 파악할 수 있다.

한편 돌봄이 진행되는 과정(절차, process)에 따라 세분된 목표들이 수행되는 진행 상황을 수평적(水平的)으로 검정해 나갈 수 있다.

예를 들어 보건클리닉의 경우 아래와 같이 외부지향적 돌봄의 진행 과정을 세분된 목표 지향 활동들로 분리해 나갈 수 있다. 제공자(보조원, 사회복지사, 간호사, 의사)가 각각의 돌봄 서비스를 제공하는 과정에서 이루어지는 개입을 점검하여 이 결과를 종합해서 돌봄 프로그램 전체의 효과성을 파악할 수 있다.

[구체적으로]
1) 돌봄 프로그램의 효과성 검정

돌봄 요원의 고객에 대한 개입 과정을 수평적으로 아래와 같이 세분하여 이 전 과정에 걸쳐 고객이 만족하는 정도를 평가함으로써 돌봄 프로그램의 효과성을 검정하였다.

(개입) (돌봄 요원)

① 예약　(보조원)

② 방문　(보조원)

③ 접수　(보조원)

④ 면담　(간호사)

⑤ 치료　(의사)

⑥ 면담　(간호사)

⑦ 면담　(사회사업가)

⑧ 예약　(보조원)

⑨ 퇴원　(보조원)

2) 돌봄 프로그램의 효과성 파악

아울러 돌봄 활동이 진행되는 절차(과정 process)에 따라 아래와 같이 세분된 하위 단위들로 수평적으로 구분해서 각 하위 단위에 대한 만족도를 평가하여 이 결과를 종합해서 돌봄 프로그램의 효과성을 파악하였다.

① 예약과 방문 사이의 기다리는 시간

② 전화해서 진료소로부터 받은 도움

③ 진료소 대기실의 안락도

④ 접수원을 만날 때까지의 기다리는 시간

⑤ 치료자를 만날 때까지의 기다리는 시간(느낀 시간)

⑥ 치료자를 만날 때까지의 기다리는 시간(실제 시간)

⑦ 치료자가 환자를 위해서 보내는 시간

⑧ 치료자가 환자의 문제에 대해 보여 준 관심도

⑨ 치료자로부터 받은 도움의 정도

⑩ 치료자가 환자에게 설명해 준 정도

⑪ 치료자가 환자의 사비밀을 지켜 준 정도

⑫ 간호사가 환자에게 설명해 준 정도

⑬ 간호사가 환자에 대해 보여 준 관심도

⑭ 간호사로부터 받은 도움의 정도

⑮ 진료소 분위기의 안락도

⑯ 진료소 사람들로부터 받은 존경의 정도

⑰ 진료소까지 오는 데 소요된 시간

⑱ 진료소에 접근하는 데 소요된 시간

⑲ 약속 시간에 진료소를 방문하는 편리도

⑳ 진료소의 청결 및 정돈 상태

목표의 분화와 집합

돌봄 목표의 수행 활동이 위에서 아래로 수직적으로 분화되어 이루어지는 실황을 검정하였다. 즉 기본 목표를 하위 목표로 나누어 내려갔고 역으로 하위 목표를 기본 목표로 올려가서 종합하는 절차를 검정한 것이다.

아울러 여러 목적이 수평적으로 분화되어 추구되는 상황을 점검하였다. 즉 아래와 같이 돌봄 목적 수행이 한 제공자로부터 다음 제공자로, 세팅 A에서 세팅 C에 이어 세팅 n으로 연속되는 과정에 따라 평가한 것이다(김성천 외, 2020; Rothman & Sager, 1998).

세팅 A ---> 세팅 B ---> 세팅 C ---> 세팅 n

각 세팅마다 아래와 같이 단계적으로 서비스가 이루어진다.

각 세팅에서의 돌봄 서비스

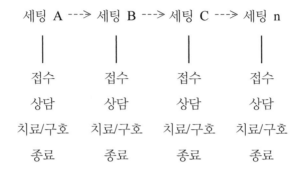

세팅 A ---> 세팅 B ---> 세팅 C ---> 세팅 n

접수	접수	접수	접수
상담	상담	상담	상담
치료/구호	치료/구호	치료/구호	치료/구호
종료	종료	종료	종료

세팅 A에서는 다음 세팅에서 진행되는 목표의 수행 상황을 추적할 수 있어야 하고, 아니면 다음 세팅에서 개별적으로 진행되도록 위임할 수 있다. [하지만 고객이 국가의 공적 부조를 받는 경우에는 후속되는 모든 세팅에서 연속되는 목적 수행 상황을 파악해 기록해 나갈 필요가 있다.]

조직 관리자는 조직의 각 돌봄 세팅에서 수직적 및 수평적으로 목표가 수행되는 상황에 대한 정보를 확보할 수 있고, 모든 세팅에서의 정보를 요약, 축소된 것도 확보할 수 있어야 한다. AI 시대에는 돌봄이 진행되는 전 과정에 걸쳐 돌봄 활동에 대한 분화된 개별적인 정보와 종합된 총체적인 정보를 컴퓨터 시스템을 통하여 실시간 파악, 분석하여 제공자, 감독자, 상부 경영자와 상호 교환할 수 있다.

위와 같이 목표 수행 작업이 진행되는 과정을 수평적으로 나누어 확인하고 아울러 수직적으로 진행되는 과정으로 나누어 봄으로써 목적 수행 과업이 집행되는 복합적인 실상을 보다 더 정확하게 파악할 수 있다.

사회복지 돌봄이 다공화되어 다목적이며 다양한 돌봄 사업을 여러 세팅에서 실행하는 시대에는 이와 같이 목표를 수직적 및 수평적으로 분화 및 종합하는 접근을 인내성 있게 해나갈 필요가 있다.

효과성 지표 간의 관계

위와 같은 보건클리닉 조사에서는 복수의 효과성 지표가 통계적으로 유의미한 상관 관계를 갖고 있음이 시사되었다. 그리고 두 효과성 영역들-외적 효과성 및 내적 효과성-에 대한 평가치 사이에서도 긍정적인 상관 관계가 있었다. 따라서 이 결과는 2원적 목표의 틀 안에 배정된 여러 효과성 지표의 성취 정도는 상호 연관되고 보완적임을 시사한다.

다만 2원적 목표를 지향하는 하위 지표 중 2개가 다른 하위 지표와 긍정적인 상관 관계를 이루지 못했다. 이를 제외한 지표들은 클리닉 조직의 작업 목표와 대체로 일치했다. 어떤 하위 지표의 성과가 높다 하여도 다른 하위 지표의 성과가 이에 일치해서 높지 않을 수 있고, 하나가 높으면 다른 하나가 낮아지는 역의 관계도 있을 수 있음을 시사한다. 따라서 많은 지표에 걸쳐 조직의 효과성을 달성함이 어렵다는 사실을 알 수 있다.

이러한 소음에도 불구하고 두 가지의 커다란 목표-외부지향적 목표와 내부지향적 목표-의 성취도 간에는 총체적으로 긍정적 관계가 있음이 시사되었다. 이것은 한쪽 목표가 달성되면 다른 쪽 목표도 높이 달성되는 경향이 있음을 시사하는 것이다.

균형 있는 2원적 목표 달성의 의미

위와 같이 클리닉 조직은 두 가지 목표를 동시에 추구하고 있다. 외부지향적 목표는 사회를 위한 돌봄 프로그램의 실행을 통해서 성취할 수 있고, 조직 자체를 위한 내부지향적 목표는 성원들의 공헌을 유도함으로써 달성할 수 있다.

이러한 2원적 목표의 틀에 따라 조직 효과성을 평가한 결과 클리닉 조직도 두 가지 목표를 추구하고 있으며 이 두 목표를 형평을 이루어 달성하고 있음이 시사되었다.

균형을 이루는 접근

조직 자원을 외부지향적 활동에만 투입해 나가고 내부 유지를 소홀히 해나간다면 단기간은 조직이 유지될지 모르지만 조만간 조직 내 파괴적인 현상이 일어날 수 있다. 따라서 두 가지 목표를 형평을 이루어 달성해 나가야 한다는 결론이 나온다. 주요 과제는 이렇게 목표 수행의 균형을 이루는 것이다. 조직이 이런 상태를 이루도록 엔지니어링하는 것이 바로 사회복지 행정의 역할임이 분명하다.

하지만 효과성을 이렇게 목표를 바탕으로 분석하는 데는 방법상의 어려움이 있다.

첫째는 시간적 차원에서 조직의 생명 회전(life cycle)(창립기-전환기-노쇠기)에 걸쳐 시계열적으로 효과성이 발전, 변화되어가는 상황을 파악할 수 없다. 이 점은 부분적으로 투입-전환-산출(input-conversion-output)의 과정론적 접근이 보완해 줄 수 있다고 본다

(성규탁, 『사회복지행정론』, 2003).

둘째로 조직이 처해 있는 외부 환경으로부터 오는 다양한 구속·제약이 효과성에 미치는 영향을 고려하기가 어렵다. 물론 돌봄 전달과 고객 확보를 통해서 사회적 인가를 받고 지원을 약속받는 환경-조직 간의 교환 관계는 어느 정도 알 수가 있다(본조사에서는 조사 대상 조직의 환경적 상황이 비슷하였으므로 환경 요인을 통제 내지 동일시하였다.).

위와 같은 제한점이 있으나 2원적 목표의 틀은 돌봄 프로그램 목표와 조직 유지 목표의 상호 관계, 이 두 목표를 지지하는 하위 목표, 그리고 이를 달성하기 위한 여러 가지 활동을 평가하는 지표들을 제시해 주었다. 제6장과 제7장에서 이러한 목표와 지표에 관해서 사례를 들어 살펴보고자 한다.

중시적 복지 사업을 담당하는 조직을 위한 행정은 바로 이 두 가지의 대조적이면서도 동등한 중요성을 간직한 목표들을 균형 있게 달성하기 위한 활동을 인간 중시적으로 수행토록 기획, 관리, 지원해 나가는 것이다.

조직의 효과성 측정 지표의 선택

위에서 논한 바와 같이 조직의 효과성은 여러 가지 지표를 적용하여 측정해 왔다. 하지만 효과성을 측정하는 작업은 저명한 연구자들에게도 쉽지 않은 작업이었음이 드러났다.

이러한 어려움을 감안하여 다시 한번 흔히 사용된 효과성 지표를 간추려 보고자 한다. 효과성 지표로서 사업 실적, 순이익, 조직에 대한 사명 성취, 조직의 확장/성장 등이 사용되었다. 이러한 지표외에 조직 성원들의 사기, 헌신, 만족, 응집성, 이직률, 결근 등이 여러 가지 맥락에서 사용되어 왔다.

하지만 종업원의 사기 및 만족과 생산성과의 상관 관계는 일관성이 없고, 유의미하지 못했다. 종업원의 이직률과 결근은 발생 빈도와 효과성과의 관계가 일치하지 않은 사례가 많았다. 조직의 성장/확장으로 효과성을 측정하는 데도 문제가 생겼다. 성장을 조직의 건전성과 생존으로 삼을 경우 조직의 성장 단계에 따라 차이가 발생한다. 이윤(이득)은 경제 상황의 변동(예측불가한 사장, 판매, 가격)과 같은 조직 외부/환경의 유동적인 사정을 감안하면 믿기 힘든 기준이 된다. 그리고 조직의 사명감과 응집성은 생산성과 일관된 관계를 갖지 못하였다. 위와 같이 각 지표는 유용성이 있음과 동시에 제한점을 가졌음이 드러났다. 이러한 다양한 지표들을 2원적 목표의 틀에 따라 구별해 볼 수 있다.

즉 생산성과 사명 달성은 외부지향적 효과에 해당하고, 이 밖의 기준들—이윤, 확장/성장, 만족, 사기, 사명감, 응집성, 이직률, 결근—은 내부지향적 효과를 설명하는 변인이 된다.

다수 조직 연구자들이 행한 조사에서 위와 같은 지표들로 조직의 효과성을 증명하기가 어렵고, 이 지표들로 산출한 효과성 자료는 일관성이 없으며, 통계적 유의도가 낮거나 없었다(Perrow, 2014; Hasenfeld, 2009). 예로 만족과 생산성의 관계에 있어 만족한 집단이 반드시 생산성을 올리지 못했다.

이러한 일련의 결과를 감안하여, 앞서 논한 바와 같이, Geogopoulos와 Tannenbaum은 조직의 유연성(flexibility)과 조직 내의 긴장과 갈등의 부재(absence of strain and conflict)를 내세워 이 지표들은 조직 전체의 효과성을 지적하지 않고 다만 조직의 '자체 유지'를 지적하는 지표가 된다고 주장하였다. 이 지표는 사회 체계 자체의 유지라는 관점에서 효과성 지표로 하였다는 점에서 타당성이 있다고 본다.

이러한 복잡하고 다양한 요인들이 작용하는 사회 체계적 맥락에서 Mohr가 제시한 2원적 목표의 틀을 바탕으로 외부지향적 목표와 내부지향적 목표의 성취를 측정해 나가는 것이 실행 가능하고 실제적이며 합당하다고 본다. 이 틀에 따라 돌봄 프로그램 목표 성취와 사회적 인증/공신력의 확보를 외부지향적 효과성 지표로 택할 수 있고 조직 내 긴장 및 갈등의 부재와 신축성을 내부지향적 효과성으로 택할 수 있다. 그리고는 이 두 가지 목표의 하위 목표를 선정해 나갈 수 있다.

조직의 목표 달성과 효과성은 결코 개인적 추정이나 판단에 따라 판정할 수 없다. 이를 이룩하기 위한 조직의 활동 및 행태를 경험적 자료를 바탕으로 점검하고 조직 성원들의 행동을 객관적으로 관찰하고, 제3자(전문인, 공인감독자 등)의 판단과 보고에 따르고, 지역사회 대표들의 여론을 종합하여 판정해야 한다고 본다.

9. 효과성에 따르는 효율성

효과성 평가와 아울러 효율성 평가도 행정의 중요한 과업이다. 효율성을 검증할 때도 앞서 제시한 효과성에 대한 연구자들의 다양하고 상이한 시각을 참고해야 하며 조직 안팎의 여러 가지 변수들을 신중히 고려해야 한다.

효과성을 검증하는 데 흔히 돌봄 프로그램을 평가한다. 조직은 목표를 사회에 공약할 때 돌봄 프로그램이 달성할 목표를 내세운다. 즉 외부지향적 목표로서 프로그램 목표 달성을 제시한다. 그래서 프로그램 목표는 흔히 조직을 평가하는 하나의 주요한 기준이 된다. 합리적 이론에 따르면 효과성이란 조직 목표를 달성하는 정도를 말한다. 예를 들어 약물 남용 예방프로그램의 목표가 약물남용자 수의 감소라고 하면, 효과성은 이 수의 감소를 가지고 측정할 수 있다.

하지만 효율성을 측정하는 데는 프로그램에 투입되는 비용(자원, 노력)과 산출(업무 실적, 목적 달성) 간의 비율을 참고하여 책정하게 된다. 경제적 차원이 개재된다. 같은 프로그램을 운영하는 조직들의 투입과 산출을 비교하여 투입 대 산출의 비율을 대조해 보고, 다른 조직보다 산출에 비해서 투입이 적은 또는 투입에 비해 산출이 많은 조직을 더 효율적이라고 판정한다.

다시 말해서 효율성이란 목적을 어느 정도 경제적으로 수행하느냐를 검정하는 것이다. 예로 2개의 유사한 조직들이 같은 지역사회에서 청소년범죄 예방프로그램을 운영하는 경우, 1년에 300명의 소년범죄자를 감소하는 데 A조직은 1,000만 원을 투입하고 B조직은 (같은 수의 범죄자를 감소하는 데) 900만 원을 투입했다면 B조직이 더 효율적으로 운영된 셈이다.

효율성을 평가하는 데는 일반적으로 아래 3가지 방법을 사용한다.

① 비용계산(cost accounting)

프로그램 목표를 달성하는 데 드는 비용(자원의 양)을 측정함.

② 비용-이익 분석(cost-benefit analysis)

프로그램에 드는 비용과 산출해 내는 결과를 비교 분석하여 금전적 숫자로 산정함.

③ 비용-효과성 분석(cost-effectiveness analysis)

공통된 목적을 달성하는 데 투입되는 비용을 몇 개 프로그램을 두고 비교함. 가장 적은 비용으로 가장 큰 결과를 낸 프로그램을 찾아 내는 방법.

이와 같은 효율성을 분석하는 데는 사회 조사에 필요한 기법과 경험을 겸비한 평가 전문가가 필요하다. 아울러 평가 대상 조직은 프로그램 기획, 개발, 관리와 돌봄 서비스 전달 전/후 고객 변화를 이룩하는 데 소요되는 비용에 관한 자료를 갖추어야 한다.

효율성 분석은 행정의 주요한 방법이다. 하지만 사회복지 돌봄 제공자들은 이 방법을 기피하거나 경원시하는 경향이 짙다. 사실 효율성 분석은 사회복지 전문인의 전통적 가치와 갈등을 자아낼 수 있다. 고객에게 최선의 돌봄을 제공하여 바람직한 결과를 내면 되지 인간적인 가치를 바탕으로 제공되는 우리의 돌봄 서비스를 왜 숫자적, 금전적으로 평가하느냐? 사회복지 돌봄을 계량적으로 판단하는 데 대한 제공자들의 비판적인 성향이 강하다. 그래서 국내외 사회복지 조직들은 대개가 효과성 평가를 우선적으로 행하는 데 그치고 있다.

이러한 실정을 고려하여 효율성 검증은 효과성을 검정하고 난 후에 효과적으로 운영되는 프로그램들을 비교, 분석하는 후차적 절차를 밟는 것이 바람직하다고 본다.

욕구 측정의 필요

효과성 평가든 효율성 검정이든 모두가 달성된 목표를 기틀로 실행되는 것이다. 이 목표는 욕구 측정에서 확인된 사회/고객을 위해 조직의 사업(대개의 경우: 돌봄 서비스 프로그램)이 달성해야 하는 목표다. 따라서 신뢰성 있는 효과성 평가와 효율성 검정은 이 욕구 측정에서 나오는 자료가 정확성 또는 타당성이 있어야 한다(성규탁, 2003: 139~166).

사회복지조직의 운영 사례

사회복지행정의 세팅이 되는 조직(시설)의 관리 및 운영은 중시적(mezzo) 접근에 속한다. 전술한 바와 같이 이 중시적 접근의 대상인 조직은 거시적 접근에서 산출되는 정책을 수렴하여 이를 조정해서 미시적인 돌봄을 개발하여 사회에 전달하는 중간 역할을 한다. 이번 본문에서는 이러한 역할을 하는 조직이 2원적 목표를 추구하는 실황을 3가지의 사례를 들어 살펴보고자 한다. 사례로서 아래의 노인요양원, 소년교도소 및 보건클리닉을 들었다.

노인요양원은 심신의 장애가 있는 고령자가 입원, 활용하고, 소년교도소에서는 재활하여 사회에 복귀할 나이 어린 소년이 보호, 교도되며, 보건클리닉은 저소득 여성을 위한 보건 및 사회복지 돌봄을 제공하는 시설(조직)들이다. 모두가 소위 사회적 약자를 돌봄 대상자로 하는 시설이다.

이 돌봄 대상자는 존엄성을 간직하는 사람이기에 이들에게 인간 중시적인 돌봄을 제공할 도덕적 의무가 있다. 이들을 조직이 돌보는 실상을 신빙성 있는 조사자료를 바탕으로 분석해 보고자 한다. 이 분석에 2원적 목표의 틀을 적용한다.

1. 노인요양원

노인요양원(이하 요양원)은 노인복지법과 노인장기요양보험법에 따른 국민건강보험공단 지원으로 이뤄진다. 노인성 질환으로 심신(心身)에 장애가 발생하여 도움을 필요로 하는 고령자를 입원시켜 무료 또는 낮은 요금으로 급식, 간병, 물리 치료, 신체 활동, 주거

활동, 24시간 보호 등 의료 보호와 사회복지 돌봄을 제공하는 다공화된 노인복지 시설이다(최재성, 2016; 정승은, 이순희, 2009). [주: 요양원 운영비는 위 공단이 80%, 입원자가 20%를 각각 부담함.]

이러한 요양원에 대해서 연구자들은 다음과 같은 제한점 내지 단점을 지적하고 있다.

대개의 요양원들은 문서화된 규정에 따라 노입원자의 사회심리적 돌봄을 제쳐 놓고, 주로 신체적 문제를 해소하는 기술적 돌봄을 제공한다. 따뜻한 가족적 분위기에서 면 대 면의 개별적 접촉으로 이분들의 자율성을 존중하며 인간적인 정으로 돌보는 데 역부족이다. 게다가 이분들을 변화, 회복할 수 있다고 보지 않는 경향이 엿보인다(김민경, 김미혜, 김주현, 정순돌, 2016).

노인 입원자의 일상 생활 여러 면에서 돌봄 서비스의 균일화 현상이 나타난다(이경희, 2016). 모두가 아침 6시~7시에 기상하고, 저녁 10시~11시에 취침하는 동안의 일과(교육, 운동, 여가 등)는 시간적으로 미리 짜여 있고, 그 동안에 제공되는 돌봄 서비스와 원내 활동도 개별화되지 않는다. 취사 및 급식은 현대적 주방 시설과 식당을 갖추어 전문 요양사가 주관하나 메뉴와 급식 방법은 문서화된 규정에 따라 마련된다.

돌봄 요원으로서 요양보호사, 사회복지사, (방문)의사, 간호조무사, 치위생사, 물리(작업)치료사 등이 근무하고 있다. 다수 요양원은 최소한의 돌봄 인력을 투입하여 최대수의 노입원자를 돌보아 경제적 실적을 올리는 방향으로 운영된다.

인력의 주축을 이루는 요양보호사가 하는 돌봄 서비스 유형은 매우 다양하다. 기저귀 갈기, 침구 정리, 식사 돌봄, 방안일, 배설 관리, 화장실 돌봄, 목욕, 오물청소, 빨래, 이미용 서비스, 환자 돌보기, 사회적응 서비스, 나들이, 급여 제공, 기록 작성 등에 이른다. 매우 과중한 과업을 수행하고 있다(성기월, 2005). 돌봄 요원에 대한 보상이 열악하여 이직률이 높고 요원을 충원하여 전문성 있는 돌봄을 하는 데 역부족이다. 작업 진행에서 발생하는 요원의 요구사항을 신속히 해결해 주지 못하고, 극심한 경쟁이 진행되는 사회환경에 대처하는 유연성을 발현하는 데도 역부족이다. 이로 인해 입주 노인을 지속적으로 확보하는 데 어려움을 겪는다.

위의 제한점을 대별하면 노입원자(고객)를 위한 돌봄 서비스와 요원(돌봄 서비스 제공자)에 대한 대우와 관련된 문제들이다. 요양원 조직의 최대 과업인 고객을 위한 (외부/사회지향적) 돌봄 서비스 그리고 요양원 조직 자체를 위한 (내부지향적) 활동(성원 관리, 재정 관리, 외부 유관자들과의 교류)에서, 요양원마다 차이가 있으나 위와 같은 제한점이 다소간에 있음을 연구자들은 지적하였다. 요약해서 요양원 조직의 내부지향적 및 외부지향적 목표를 달성하는 데 어려움이 있는 것이다.

하지만 요양원의 대표성 있는 표본을 적용한 사회 조사를 기틀로 한 신뢰성 있는 자료는 희소한 실정이다. 이런 판국에 최재성 교수(2016)는 전국 요양원에서 층하집락 추출방법으로 360개를 무작위로 추출하여 시설장과 중간 관리자를 대상으로 삶의 질을 높이기 위한 거주자 중심 케어에 관한 대규모 조사를 하여 다양한 변수에 관한 경험적 자료를 수집하였다. 최 박사의 조사는 요양원의 바람직한 돌봄 시설로의 문화적 변혁을 이룩할 필요성을 염두에 두고 실행한 것이다. 이 조사에서 산출된 자료를 바탕으로 요양원의 다공화된 돌봄 사업의 복합적 목표를 좀 더 쉽게 이해하기 위하여 외부지향적 및 내부지향적 (2원적) 목표의 틀을 적용하여 구별해 보고자 한다.

요양원이 추구하는 기본적 목표

최재성 교수가 실행한 조사에서 요양원 운영에 적용되는 지배적인 가치는 거주 노인의 인간 중시적인 '삶의 질 향상'이다. 외부지향적인 사회를 위한 목표다. 합리적이며 타당성 있는 목표를 제시한 것이다. 요양원 조직의 존재 이유(raison detre)를 분명히 한 목표다. 한국인의 문화적 가치인 인간 중시적 가치와 정(情)을 발현하는 실상을 검정하는 것이 주요한 목적이라고 본다.

하지만 이 조직이 내세운 가치와 실제 운영되는 상황 사이에는 다소간의 갈등이 엿보인다. 이 사례에 대한 논의는 최 교수(2016)의 요양원 조사 보고에 기틀을 두었으며 부수적으로 요양원에 관한 기타 자료를 참조하여 진행하고자 한다. 요양원의 외부지향적 목적으로 노입원자의 삶의 질 향상을 들었다. 즉 입원자의 자율성을 존중하여 개인적 요구를 충족하며 가정적 분위기에서 인간적인 온정으로 치유를 위한 질 좋은 돌봄 서비스를 제공함이 기본적 목표다. 이러한 돌봄을 '인간 중시적 돌봄'이라고 보았다. 이 목적을 '2원적 목표'의 틀에 따라 아래와 같이 구분하였다.

1) 외부지향적 목표

인간 중시적 운영: 삶의 질 향상

① 인간 중시적 돌봄
* 노입원자의 믿음과 가치 존중
* 돌봄 서비스의 개별화
* 노입원자의 자율성과 선택권 존중
* 질 좋은 돌봄 제공
* 노입원자에 대한 친밀, 정 및 존중 발현
* 가정 분위기 조성; 가족 참여 권장
* 노입원자의 치유 및 회복 가능성 신임

② 고객 확보
* 새 입원자 유치
* 현존입원자의 지속적 보존

2) 내부지향적 목표

① 요원의 전문성 향상
* 교육/연수
* 업무 지원
* 헌신 동기 유도
* 요원 충원 및 보상
* 리더십 고양

② 조직의 유연성 증대
* 환경 변화(지역 사회, 제도, 정책, 규정 등) 및 위기 대응
* 입원자의 필요에 지체 없이 대응
* 타부서와의 협동
* 요원 간 인간 관계 개선

최 교수가 제시한 조사 평가 결과는 요양원 대다수가 여러 가지 어려움을 극복하여 위와 같은 외부지향적 목표와 내부지향적 목표를 효과적으로 수행한 것으로 시사되었다. 즉 두 가지 목표의 거의 모든 하위 목표들이 긍정적으로 성취되어 외부적 목표와 내부적 목표 간에 형평이 이루어졌음이 드러났다.

외부지향적 목표가 이루어지면 내부지향적 목표도 효과적으로 이루어진다는 상호 관계가 성립되었음을 뜻한다. 다만 입주 노인들의 가족 관계가 바람직하게 유지되지 않은 것으로 평가되었다. 시설이 법인이고, 요원 충원이 잘되고, 대도시에 있는 시설인 경우 더 긍정적으로 평가되었다.

이 조사에서 제시된 2원적 목표로서 요양원의 외부지향적 목표(사회를 위해 달성할 목표)와 내부지향적 목표(조직 자체를 위해 달성할 목표)를 아래와 같은 하위 목표들로 구분해 보았다.

[해설]
1) 외부지향적 목표
① 인간 중시적 돌봄
안락한 내 집에서와 같은 돌봄을 제공하기 위한 노력으로 개개

노입원자의 자율성, 존엄성, 생활 만족, 삶의 질 향상, 행복감을 증대함으로써 사회심리적 돌봄을 도모하고, 아울러 질병 감염을 감소하고, 약물 사용을 조정하며, 사망률을 낮추면서 신체 건강을 도모하였다. 노입원자를 단순히 보관, 관리하는 돌봄 조직이 아니라 이들을 지속적으로 치유, 재활하는 돌봄을 제공한 것이다.

② 고객의 지속적 확보

요양원 간에 입원자 확보를 위한 경쟁이 혹심하여 돌봄 대상자 확보는 매우 중요한 목표로 드러났다. 돌봄 대상자 확보는 정부의 규제, 보험의 불안정 등 환경적 제약을 극복하며 재정적 어려움을 해소하기 위한 필요 조건이다.

따라서 좋은 돌봄 서비스를 제공함으로써 시설의 긍정적 이미지를 지역사회에 과시해서 새 입원자를 지속적으로 확보해 나가야 한다. 이울러 이미 입원 중인 노입원자를 보존해서 돌보아 나가야 한다. 가족이 만족하는 돌봄 서비스를 제공하며 입원자와 가족 간 그리고 가족과 요양원 요원 간의 바람직한 상호 관계를 발전시켜야 한다. 가족을 돌봄 서비스 계획을 수립하는 데 참여토록 하고, 입원자가 친지들과 교류하도록 도와야 한다.

대다수 요양원은 이러한 인간 관계적 노력을 통해서 새 입원자는 물론 현존 입원자를 지속적으로 확보, 보존해 나간 것으로 본다.

2) 내부지향적 목표

내부지향적 목표는 다음과 같이 구분할 수 있다.

이 목표가 지향하는 것은 위와 같은 인간 중시적 돌봄을 실행하는 조직 자체를 혁신하는 것이다.

① 요원의 전문성 향상

요원의 전문성 증진을 우선시한다. 돌봄 기술, 특히 대인 관계 돌봄 기법의 개발을 위한 교육과 훈련을 지속해야 한다. 그리고 요양보호사, 간호보조원, 사회복지사, 보조원의 업무는 상당히 겹쳐 있다. 따라서 부서 및 요원 간 정보 교환과 소통을 통해서 연계와 협동을 촉진하여 업무 중복을 줄이고 업무를 순조롭게 수행하며 업무에서 오는 압력을 줄여가야 한다. 요원을 존중하여 열악한 보상을 개선해서 직무 만족을 향상하고, 이직률을 낮추고, 요원 충원을 이룩하고, 이들이 헌신, 기여토록 유도해 나가야 한다.

대다수 요양원은 이러한 노력을 수시로 필요에 따라 행한 것으로 추정한다.

② 조직의 유연성 향상

변동하는 환경에 대응할 태세를 갖추어야 한다. 이를 위해 조직의 유연성을 증진해야 한다. 다양한 노입원자들의 욕구를 지체 없이 충족하고, 요원들이 발전된 커뮤니케이션을 통해 긴밀히 연계, 협동해서 돌봄 서비스를 제공해야 하며, 원장은 요원에 대한 압력을 최소화하며 긴장을 풀어주고, 외부에서 오는 변화에 민감하게 대처하면서 요원의 관심사에 재빠르게 대응해야 한다. 의사 결정에 있어 수직, 경직된 관리자와 요원 간 관계를 민주화되고 비관료적 방식으로 개선해 나가야 한다.

위의 두 가지-외부지향적 및 내부지향적 목표-는 상호보완적인 관계에 있어 한쪽이 효과적으로 이루어지면 다른 쪽도 효과적으로 이루어진다고 본다. Likert가 제시하였고 Mohr가 해명한 바와 같이 조직의 외부 및 내부 활동, 목표는 상호 연계되어 상호 보완적이다.

최 교수의 조사 결과가 시사하는 바와 같이 내부지향적 목표(요원의 전문성 향상과 조직의 유연성 향상)를 바람직하게 달성하면 외부적 목표(인간 중시적 돌봄과 돌봄 대상자의 확보, 보존)도 바람직하게 성취될 수 있는 것이다.

요약해서 대다수 요양원은 마치 개방체계론적 시각을 방불하며 바람직한 input을 획득하여 인간 중시적 돌봄을 제공해서 사회가 기대하는 output를 산출하는 역할을 하였다.

즉 아래 그림(6-1)과 같은 이원적 목표를 수행한 것이다.

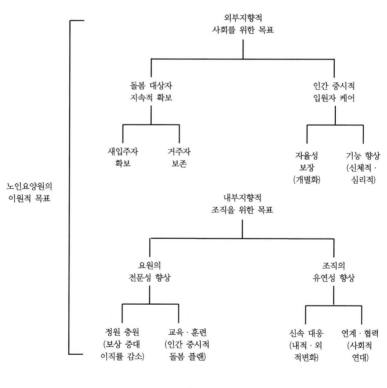

그림 6-1

이 조사는 요양원 조직이 한국인의 문화적 속성인 인간 중시적 가치와 정(情)을 발현하는 실상을 검정하는 것이 주요한 목적이라고 본다.

2. 소년교도시설

이 사례는 소년교도시설 세팅에서 관리자의 가치관이 수용된 소년수형자를 위한 돌봄의 성격과 실행에 지대한 영향을 끼쳤다는 사실을 증명한 조사 연구다. 사회복지조직에 대한 연구로 많은 업적을 낸 3인의 저명한 교수들이 행한 경험적 조사에서 나온 자료다. 저자가 미시간대학교 사회사업대학원에서 수학할 때 필수 교재로 사용한 자료다(Street, Vinter & Perrow, 1968). 이 자료는 지금도 동대학원에서 사회사업조직에 관한 역사적 자료로 사용되고 있다.

D. Street, R. Vinter 및 C. Perrow는 공동으로 미국 미시간 주에 있는 5개 소년교도시설 관리자들이 간직한 가치관과 이들이 운영하는 돌봄 프로그램의 성격 간의 관계를 비교 연구하였다.

[주: 조사를 행한 당시 D. Street와 C. Perrow는 시카고대학 사회학 교수이고 R. Vinter는 미시간대학 사회사업대학원 교수였음.]

이 교수들은 5개 교도 시설들이 운영하는 돌봄 프로그램의 성격과 이 프로그램에 참여하는 돌봄 서비스 요원 및 수용자(일탈 행위 때문에 수용된 소년) 사이의 상호 관계를 비교 조사하였다. 이 5개 시설의 관리자들이 간직한 서로 다른 가치관이 돌봄 프로그램에 미치는 영향을 대조, 탐사한 것이다.

조사 대상인 5개 교도 시설의 목표, 크기, 설립자 등을 보면 다음과 같다. [주: 시설 운영비는 미시간 주 정부가 지급했음.]

실제 목표	크기	시설 명	설립자	설립 목적	수용 인원	요원 수
통제·감금	대	Dick	공설	기술교육	260명	65명
학교 교육	소	Regis	사설	학교교육	56명	13명
구류교육	대	Mixter	공설	산업교육	200명	97명
개별 치료	소	Inland	사설	교육·치료	60명	40명
환경 치료	대	Milton	공설	치료	200명	117명

위의 각 시설은 다음과 같이 운영되었다.

① Dick 홈

이 규모가 가장 큰 시설은 통제·감금에 주력한다. 외부의 가족 및 지역사회와 격리되어 자체 중심으로 운영되는 폐쇄적 시설이다. 인간 중시적 시설이라고 볼 수 없다.

② Regis 홈

소규모 시설로서 천주교 수녀회가 운영하며 도시에 자리 잡고 있다. 수용자들을 지역사회 내 10여 개 학교에 보내고 있다. 규율은 엄하고 Dick홈보다는 더 인간 중시적이지만 모든 상담은 교회 규정에 준하여 실행되며 성적 상담은 금지되었다.

③ Mixter 홈

혼합된 목표를 가진 규모가 큰 사설이다. 약간 낮은 정도로 구류·감금을 하고 최소한의 처벌을 하며 교육에 주력한다. 치료 프로그램은 운영하지 않는다.

④ Inland 홈

환경 치료는 하지 않지만 교육과 개인적 치료를 하는 소규모 시설이다.

⑤ Milton 홈

가족을 참여시키는 환경 치료를 하는 규모가 큰 시설이다.

위와 같이 Dick홈은 통제·감금을 하고, Regis홈과 Mixter홈은 교육적이고 구류적이며, Milton홈과 Inland홈은 인간 중시적 교도를 하는 개방된 시설이다.

이 자료에서 다음 2가지의 가치관이 드러났다.

* 통제와 감금을 중시하는 가치관
* 치료와 교육을 중시하는 가치관

1) 외부지향적 운영

① 통제·감금 중시 접근

통제와 감금을 중시하는 시설의 우세한 가치(믿음)는 "수용된 소년의 성향은 근본적으로 바꿀 수 없으며, 다만 이들을 시설 내에 감금, 구류하며 적절히 행동하도록 지시, 통제할 수 있을 따름이다"라는 것이다. 이러한 믿음 아래 징계적이며 통제적인 단체 훈련을 일삼고, 권위적이며 강압적인 지도로 순종을 강요하였다. 그래서 통제, 감금, 구류하는데 시설 자원을 우선적으로 투입해 나갔다. 매우 비인간 중시적으로 운영되었다.

② 교육·치료 중시적 접근

교육을 중시하는 시설에서는 수용자의 잠재력 개발과 퇴소 후 사회에서 쓸 수 있는 기술을 교육하는 데 주력하였다. 적절한 교육이 일탈 행동을 교정할 수 있다는 가치 아래 수용자가 교실과 실습장에서 많은 시간을 보내도록 하였다.

치료에 중점을 시설에서는 일탈 행동이 수용자의 성향 전환과 행동 교정을 통해서 바꾸어질 수 있다고 믿었다. 따라서 주로 일 대 일의 면담 또는 집단 세션을 통해서 치료 요원과 수용자 간의 대면적 상호 관계를 통한 치료에 주력하였다.

이와 같이 교육과 치료 위주 시설에서는 시설 자원을 재교육과 환경 요법(milieu theraphy)을 적용한 치료에 우선적으로 투입하였다. 사랑과 존중이 깃든 인간 중시적 운영 방식이다.

③ 두 접근의 대조

운영 측 가치의 차이로 일탈 소년 교도 시설들이 위와 같은 상이한 운영과 결과를 자아내게 되었다.

이러한 사실을 감안하여 시설들을 통제와 감금을 위주로 하는 시설과 교육과 치료를 위주로 하는 시설로 나눌 수 있다. 복지관과 정신병원의 경우처럼 교도시설도 이와 같이 복수적 목표를 추구하는 조직이다. 어떤 시설은 비인간적으로 통제·구류 목표를 추구하고 어떤 시설은 인간적인 치료·교육 목표를 추구한 것이다.

통제·감금을 하는 교도 방법을 적용한 시설들은 시설 자원의 대부분을 (비인간 중시적으로) 수용자를 통제하고 구류하는 데 투입하였고, 이와 달리 치료·교육적 목표를 추구한 시설은 (인간 중시적으로) 자원의 대부분을 수용자의 재활과 바람직한 사회적 변화를 위해 투입하였다.

2) 내부지향적 운영

5개 시설의 내부지향적 목표 수행 상황을 다음과 같이 요약할 수 있다. 치료·교육 시설의 경우 시설 조직의 업무가 복잡, 다양하고 외부와의 교류 활동이 많아 여러 부서로 나누어진 다공화 현상이 일어나고 있다. 심리치료사, 사회사업가 및 교사가 권력을 가지며 시설장의 권력은 상대적으로 적다. 외부의 가족과 유관 단체들과 치료, 교육 및 사회복귀를 위한 교환이 자주 이루어진다.

통제·감금 시설보다 작업 운영이 더 복잡하고 돌봄 서비스가 더 개별화(개인 중심적)되어 수용자당 자원이 더 많이 필요했다. 개방적 프로그램을 운용하며 외부 가족과 연계해서 면 대 면의 집중적 개입을 하기 때문이다. 심리치료자와 사회사업가의 권위가 높았다. 환경 요법은 치료 과정에 가족이 참여토록 해서 수용자가 퇴소 후 사회에 복귀하여 생활할 집, 이웃, 지역사회의 환경을 조정하기 때문에 많은 인력, 시간 및 전문성을 필요로 했으며 이 요법을 적용하는 요원이 권력을 간직하였다.

Milton홈과 Inland홈은 복잡한 치료 과업과 외부 교류 활동을 여러 부서 요원에게 분담시켰다. 각 부서는 자치권을 가졌다. Inland홈의 경우 개인 중심 치료를 하는 독립된 치료 부서를 가지며, 환경 요법을 행하는 대형 Milton홈은 더 많은 부서들을 가졌다. 치료, 상담, 교육, 외부 교류, 관리, 운영 등을 위한 독립된 부서들이다. 이 시설들에서는 인력 활용과 의사 결정이 여러 부서로 나누어 이루어졌다. 시설의 관리 및 유지는 행정 요원이 맡고, 임상 치료부는 심리분석자가 맡으며, 사회사업가는 상담 서비스부를 담당했다. 확장, 다양화된 돌봄 서비스를 맡는 전문인에게 권한과 권위가 주어졌다.

이와 대조적으로 인간 중시적 성향이 낮은 통제 감금 위주의 시설은 단순한 구조를 가져 부서 수가 적고, 권력은 시설장에 집중되었으며 교사들은 권력을 행사하지 못했다. 다공화 현상이 일어나지 않은 것이다.

3) 두 가지 운영의 대조

간추려 말하면 인간 중시적 시설은 조직 내외부에 걸쳐 진행되는 업무가 다양하고, 부서 수와 돌봄 서비스를 전달하는 전문인 수가 많고, 이들에게 많은 권한과 권위가 주어졌으며 자원을 치료 교육에 우선적으로 투입했다. 대조적으로 인간 중시적 성향이 낮은 시설에서는 이런 조직적 성격과 반대되는 실상이 드러났다. 그리고 혼합된 (중간적) 목표를 가진 시설은 이러한 대조적인 실상의 중간을 이루었다.

아래 평행선 위에 5개 시설을 놓고 두 가지의 대조적 실상의 강약을 비교해 볼 수 있다. 5개 시설이 인간 중시적 대 비인간 중시적 운영과 연관된 조직의 성격-조직 구조의 복합성, 돌봄 서비스의 다양성, 권력 및 권위 배분, 돌봄 전문인 우대 등-이 단계적으로 변화되었다고 볼 수 있다.

비인간 중시적 **Dick - Regis – Mixter – Inland – Milton** 인간 중시적

통제·감금적 <------------------------------------> 치료·교육적

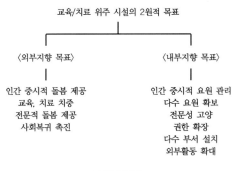

그림 6-2(a)

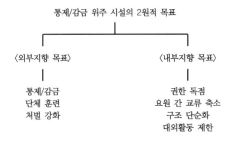

그림 6-2(b)

위의 2가지 유형의 목표는 교도 대상 소년을 위한 '치료-교육' [그림 6-2(a)]과 '통제-구금'[그림 6-2(b)]의 대조적 교도 사업을 추구한 것이다. 시설에 '가두어 두는 방법'과 '재활시키는 방법' 어느 편에 더 많은 조직 에너지를 투입했느냐의 차이를 엿볼 수 있다. 전자, 즉 구금 위주 시설에서는 관심사가 소년범법자들을 지역사회로부터 격리시켜 지역사회를 안전하게 보호하는 것이다. 이런 시설에서는 수용된 소년들을 개선, 변화시킬 수 없어 규정된 규칙에 따라 단순히 가두어 두고 통제만 해나갔다. 구류·감금 위주 시설의 사회를 위한 외부지향적 목표다. 한편 치료 위주 시설에서는 지역사회를 위한 구금을 중요시하지 않았으며 수용자의 심리적 성품과 사회적 행동을 바꾸어 이들의 태도와 가치관을 변화시키는 데 주력했다. 수용자를 개별적으로 신축성 있게 다루어야 할 개성 있는 개인으로 다룬 것이다. 이 시설에서는 조직 내 권한 분배가 달라진다. 즉 권한이 고도로 교육된 전문직 치료자들에게 주어졌다. 사회를 위한 치료 위주의 외부지향적 목표를 추구한 것이다.

위와 같은 상이한 외부지향적 목표가 5개 시설의 운영 실태에서 드러나 보였다. 이 시설에서 행한 관찰, 면접, 문서분석, 설문조사에서 이러한 대조적 목표가 거듭 확인되었다. 이 시설 중 퇴원 후에 다시 시설로 복귀하는 재범자가 몇 명이 되는지를 확인하지 못했다. 그렇지만 사회 복귀를 지향하며 치료와 교육을 강화하는 시설은 구금과 통제를 위주로 하는 시설보다도 재범자를 가지는 경우가 더 적을 것으로 추정한다.

하지만 이 모든 시설은 외부 환경의 영향에 따라 목표를 수정하는 경우가 있었다. 나이 어린 소년을 교도하는 시설이기 때문에 통제·감금 지향 접근은 지역사회의 인권, 종교 집단에게 비판을 받고 운영 방식을 개선하였다.

이상 두 가지의 대조적 실황을 보아 조직의 성장과 다공화는 교육 치료를 중시하는 인간 중시적이고 성원들이 의사 결정을 함께하며 유연성 있게 운영되는 조직에서 이루어질 가능성이 크고, 대조적으로 비인간 중시적이고 권력이 한 사람에게 집중되고 폐쇄적이며 경직된 세팅에서는 이루어지기 어려움을 감지하게 된다.

3. 보건클리닉

이 사례는 저자가 미시간대학에서 미국 국무성의 지원을 받아 Detroit 시 저소득 지역의 흑인 여성을 위한 보건클리닉을 조사하여 수집한 자료를 바탕으로 작성한 것이다(성규탁, 2003: 98~105). [주: 클리닉 운영비는 미시간 주 정부가 지급했음.]

클리닉의 기능 실조

저소득 지역의 흑인 여성을 위한 공공복지시설인 보건클리닉 가운데 심한 기능실조(機能失調 malfunctioning) 문제가 나타났다. 이 지역에 흩어져 있는 20여 개에 달하는 미국 정부 지원을 받는 클리닉들은 보건 상담 및 진료를 포함한 사회사업 돌봄 서비스를 저소득 흑인 여성에게 무료로 제공하고 있었다.

그런데 이 사업에 관심을 갖는 지역사회 지도자들은 생활의 어려움을 겪는 흑인 여성을 위한 이 사업의 수용성(受容性 acceptability)이 낮은 데 대해 매스컴을 통해 누차 비난하였다. 즉 클리닉이 제공하는 돌봄이 이 여성이 받아들일 만하게 인간 중시적이며 만족스러운 것이 되지 못한다는 것이다. 게다가 그 지역 여성이 이러한 돌봄 서비스를 크게 필요로 하고 있는데도 불구하고 클리닉은 고객을 확보하지 못하고 있었다.

뿐만 아니라 흑인과 백인 요원들이 근무하는 클리닉 조직 내부에 심각한 문제들이 발생하고 있었다. 진료소 요원 간의 긴장과 갈등이 크게 상승하여 클리닉 운영에 해로운 결과를 자아내고 있었다. 또한 요원들은 새로운 방침, 절차 및 서비스 요청 등 나날의 변동에 유연하게 대응하는 태세를 갖추지 못하였다.

클리닉들은 그 지역 저소득층 흑인 여성을 위한 보건사업의 중심적 위치를 차지하고 있었다. 이 사업의 운영위원회는 드디어 클리닉관리책임자와 협의하여 클리닉의 기능 실조 문제를 조사하기로 결의하였다.

본 조사 평가는 저자가 미시간대학의 사회사업대학원과 보건대학원의 합동 자문 하에 동 운영위원회의 재가와 협조를 받아 다음 목적을 위해 실행한 것이다.

* 클리닉 조직의 목표 달성 평가
* 클리닉 조직의 효과적 달성에 영향을 주는 요인 분석
* 개혁을 필요로 하는 클리닉의 문제 식별
* 돌봄 서비스의 인간 중시적 성향 파악

본 연구에 적용된 조사의 방법과 결과에 대해서는 이미 발표된 자료를 참고하기 바란다(성규탁, 2003, 『사회복지행정론』, 법문사. [2판 8쇄]: 제11장). 여기서는 이론적 틀만을 소개하고자 한다.

1) 외부지향적 과업

클리닉 조직은 지역사회의 고객의 보건 및 사회 문제를 해소하기 위해 돌봄 프로그램을 실시한다. 이 프로그램의 성공은 돌봄 서비스의 형태 및 기능에 따라 여러 가지 지표로 측정할 수 있다.

본 연구에서는 아래 두 가지를 클리닉 조직의 외부지향적 (지역

사회를 위한) 목표 수행을 평가하는 지표로 적용하였다.

① 인간 중시적 돌봄

클리닉이 인간 중시적으로 돌봄 서비스를 제공하는 실정은 돌봄 서비스 전달 과정을 분석, 평가함으로써 파악할 수 있다. 보건 돌봄 서비스를 평가할 때는 흔히 진단 과정을 분석한다. 문헌 조사를 통해서 저소득환자에게 전달되는 보건돌봄 서비스를 평가하는 데 사용한 지표들을 찾아냈다. 이 지표들은 다음과 같이 분류할 수 있다.

즉 진료 제공자의 관심도, 인간 중시적으로 환자를 돌봐 주는 태도, 환자에 대한 존경, 환자의 사비밀 보장, 환자를 위해 사용하는 시간, 진료자의 전문적 능력, 진단과 치료에 대한 정보 제공, 기다리는 시간, 돌봄 서비스에 대한 접근도, 예약 시간의 편이도, 전화로 받은 도움 정도, 시설 및 장비 등이다.

이 지표들 중에서 저소득 여성들이 사용할 수 있는 아래와 같은 지표들을 3개 클리닉의 요원들(사회사업가와 간호원)과 협의하여 선정했다. 이 지표들에 대한 709명 여성들의 응답을 요인 분석하여 (1) 돌봄 서비스의 인간 중시적 측면, (2) 돌봄 서비스의 물리적 측면의 두 가지 차원을 식별하였다. 이 두 차원에 대한 고객의 만족도를 돌봄 서비스 평가 지표로 사용하였다.

② 고객 확보

연구 대상 클리닉 조직은 정부로부터 인력, 기재, 의약품, 운영 자금 및 기술 정보를 제공받았다. 그래서 돌봄 서비스를 받을 고객을 확보하는 일이 주요 과제로 남아 있었다. 보건 돌봄 사업을 시작한 당초부터 고객 확보 및 보유는 클리닉 조직의 주요 업무로 되어 왔다. 클리닉 조직은 설립 목적과 지원자의 기대에 부합되는 돌봄 서비스를 전달하기 위해 고객을 반드시 확보해서 보존해야만 한다. 이런 이유로 본 평가에서는 (1) 개인 및 기관이 의뢰해 온 고객 수, (2) 재방문해 온 고객 수 두 가지를 클리닉의 고객 확보를 평가하는 지표로 사용하였다. 이 지표는 또 다른 중요성을 띠고 있는데 고객을 의뢰해 온다는 것은 지역사회의 주민과 사회사업 및 보건의료 기관들이 클리닉 조직의 돌봄 서비스 능력을 긍정적으로 인증하고 있음을 의미하며 재방문 고객은 전에 받은 돌봄 서비스가 그들이 받아들일 만하게 수용성(受容性) 또는 만족도가 높음을 시사하는 것으로 볼 수 있다.

2) 내부지향적 과업

클리닉 조직의 내적 효과성을 평가하기 위해서 (1) 클리닉 조직 내의 긴장의 부재 및 (2) 클리닉 조직의 유연성의 두 가지 지표를 사용하였다(그림 6-3). 이 지표는 Geogopoulos와 Tannenbaum이 조직의 내적 효과성을 평가하기 위해 사용한 것과 동일하다. 이들이 정의한 바와 같이 이 지표는 요원들로 이루어진 사회 체계를 유지하며 목적을 달성하는 실황을 평가하기 위한 것이며, 클리닉 조직이 그 자체를 지지 및 유지하는 과업을 어느 정도 효과성 있게 실행하는가를 알려 줄 수 있다.

① 긴장 및 갈등의 부재

돌봄 서비스 실행에 대한 요원들 간의 의견의 불일치, 감독자의 요원에 대한 무리한 압력 행사로 인한 요원의 불평 불만과 긴장 및 갈등은 클리닉 운영자의 주요 관심사가 되어 왔다. 요원이 노력과 활동을 효율적으로 해 나가기 위해서 서로 협동하고 헌신하는 것이 필수다. 그러나 요원들 간의 심한 긴장과 갈등은 협동 능력을 저하시키고 성원들이 조직에 남아서 계속 기여하도록 동기를 유발하는 효과적 조건을 갖추지 못하게 한다.

이러한 점을 감안하여 내부지향적 활동을 평가하는 지표로서 (1) 요원들 간의 긴장 및 갈등의 발생 정도와 (2) 요원들이 업무 수행을 하는데 감독자로부터 무리한 압력을 받는 정도를 선정하였다.

② 클리닉의 유연성

클리닉 조직에 새로운 기술, 기구, 기재 및 작업 기준이 외부로부터 수시로 도입됨에 따라 돌봄 서비스의 규칙과 절차가 자주 바뀌었다. 요원들은 새로 소개된 규칙과 절차에 따라 정해진 역할과 의무를 흔히 수행하지 못했다. 또 결근 또는 사직하거나 갑자기 고객이 늘어 돌봄 서비스의 양이 증가하는 현상이 자주 일어났다. 이럴 때면 클리닉은 혼란에 빠졌다. 클리닉 조직은 자체의 체통을 유지하기 위해 이러한 내생적 및 외생적 변화를 유연성 있게 흡수, 동화시켜야만 했다. 성원들이 이와 같은 변화에 어느 정도 즉각적으로 유연히 적응, 대처해 나갈 수 있느냐는 것은 클리닉 조직의 효과성과 직결된 조건이다.

유연성은 클리닉 조직의 정책, 규칙 및 절차의 변화 같은 내부에서 일어나는 변화에 적응하는 요원들의 능력과 갑작스런 결근이나 휴직자의 증가 또는 예상치 못한 사회적 지원의 감소와 같은 클리닉 외적 요인으로 야기되는 비정상적인 상황에 대처하는 요원들의 능력으로 개념을 잡았다.

위와 같이 분류된 외부지향적 목표와 내부지향적 목표는 2원적 목표의 틀에 맞아들어간다.

③ 돌봄 전달 과정 분석

클리닉은 다른 사회복지 시설의 경우와 같이 고객을 접수하여 돌봄 서비스를 제공하는 과정을 거쳐 서비스를 종결하여 퇴소토록 하는 절차를 밟는다. 이 과정에서 처음 시설에 도착하여 돌봄 제공자를 만나 서비스를 받을 때까지 대기실에 기다리게 되는데 이 기다리는 시간이 상당히 긴 경우가 많다. 고객들이 가장 많이 불평하는 사항이 바로 이 기다리는 시간이 길다는 것이다. 이 밖에도 아래에 제시한 바와 같이 클리닉 돌봄이 진행되는 과정에 따른 고객 대 제공자 간 대면적 상호 관계가 이루어지는 가운데 발생하는 고객의 만족 또는 불만을 자아내는 사항들이 있다.

돌봄 서비스 시설을 평가할 때 제기되는 중요한 지표가 시설이 제공하는 돌봄 서비스가 고객들에게 어느 정도로 받아들여지고 있는가, 즉 수용성(acceptability)이다. 본 조사에서는 이를 만족도로 대신하였다.

만족도를 측정하는 데 흔히 사용하는 지표로서 다음을 들 수 있다.

* 돌봄 서비스 제공자의 전문성과 능력
* 제공자의 고객에 대한 관심
* 제공자의 인간성과 온정
* 제공자의 고객에 대한 존중
* 고객의 사비밀 보장
* 제공자가 고객을 위해 보내는 시간
* 제공자가 고객에게 진단과 돌봄 절차에 대해 설명해 주는 정도
* 기다리는 시간
* 시설에 오는 데 걸리는 시간과 거리
* 예약 시간에 시설에 출두하는 편의도
* 전화를 통해 받은 도움
* 시설 설비의 질

위의 지표들을 참조하여 아래와 같은 22가지의 클리닉 돌봄 절차에 대한 질문을 작성한다. 고객들에게 이 질문에 대한 만족도를 무기명으로 표명토록 하는 조사를 무작위로 선발된 12개 클리닉 시설에서 2일 간 걸쳐 55명의 고객들을 대상으로 실행하였다.

* 예약을 한 때부터 클리닉을 방문할 때까지 기다린 시간
* 클리닉에서 전화를 통해 받은 도움
* 클리닉 대기실의 안락함
* 클리닉에 도착해서 돌봄 요원이 맞아줄 때까지 기다린 시간
* 의사를 만날 때까지 기다린 시간(느낀 시간)
* 의사를 만날 때까지 기다린 시간(실제 시간)

* 의사가 고객을 위해 보낸 시간
* 의사가 보여 준 관심의 정도
* 의사가 도와준 정도
* 의사가 설명해 준 정도
* 의사가 사비밀을 지켜준 정도
* 돌봄 서비스에 대한 만족도
* 다른 요원들이 제공해 준 정보의 유용성
* 클리닉요원들이 보여 준 관심의 정도
* 클리닉요원들이 존중해 준 정도
* 클리닉의 안락도
* 클리닉에 오는 거리
* 클리닉의 접근성
* 예약시간에 클리닉을 방문하는 편리도
* 클리닉의 청결 및 정돈 상태
* 클리닉을 다시 방문할 의사
* 다른 고객에게 클리닉을 추천할 의사

위의 여러 기준에 걸친 질문에 대한 응답 자료를 요인 분석한 결과 아래와 같은 4개 요인으로 축소되었다.

* 의사 등이 제공한 돌봄 서비스
* 기다린 시간
* 클리닉의 접근성
* 시설의 안락도

고객의 개인적 특성, 시설의 위치, 시설의 크기 등에 따라 위의 각 사항에 차이가 있었으나, 클리닉에 대한 전반적 평가-클리닉에 대한 만족도-에서는 클리닉 간 차이의 통계적 유의도가 낮았다.

의사와 요원들이 제공한 돌봄 서비스와 고객의 클리닉 시설 전반에 대한 만족도와의 상관 관계를 미루어 보아, 인간 중시적 돌봄의 중요성이 드러났다. 즉 돌봄 진행 과정의 각 절차에서 이루어진 제공자-고객 간 상호 관계에서 제공자의 고객에 대한 존중, 정의, 친

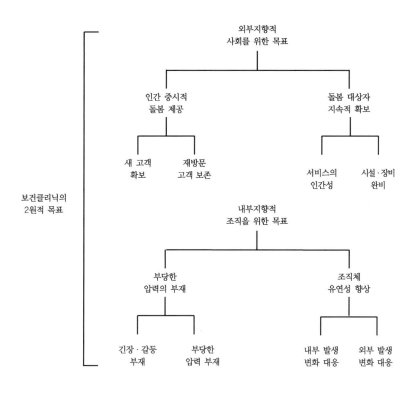

그림 6-3

절, 도움과 같은 돌봄 서비스의 인간 중시적 특성이 유의한 요인으로 시사되었다. 하지만 돌봄 서비스의 물리적 차원인 기다린 시간, 접근성, 시설 설비의 안락도는 고객의 만족도에 유의한 영향을 끼친 것으로 시사되지 않았다. 고객은 의사가 제공한 보건의학적 돌봄 서비스의 질을 판단하지 못하기 때문에 이러한 만족도에 따라서 클리닉 시설을 평가하게 된 것이다. 클리닉 시설 전반에 대한 만족도도 역시 위와 같은 돌봄 제공자의 인간 중시적 대우와 유의한 상관 관계가 있음이 시사되었다. 이러한 사실은 클리닉의 외부지향적 목표가 바람직하게 수행되었음을 뜻한다.

3) 돌봄 서비스 전달 과정 분석

위와 같은 돌봄 서비스 과정(process)을 분석하는 방법은 돌봄 서비스가 여러 단계(하위 과정)를 거쳐 연쇄적으로 지속되는 조직의 전달 체계를 점검하는 데 적용할 수 있다.

이 경우 과정(process)은 March와 Simon의 input-throughput-output의 throughput에 해당한다. 하지만 이 보건클리닉의 경우 돌봄 서비스 과정은 여러 단계에 걸쳐 여러 전달자가 개입하는 시간적으로 길고 고객-전달자의 접촉이 여러 번 반복되는 상당히 복합적이고 다단계적 과정이다.

고객이 처음 시설에 도착하여 돌봄 제공자를 만나 돌봄 서비스를 받기 시작할 때로부터 종결될 때까지 상당한 시간에 걸쳐 일련의 돌봄이 연쇄적으로 진행된다. 이 과정에서 고객 대 제공자 간 상호관계가 진행되는 가운데 고객의 만족 또는 불만을 자아내는 일들이 발생할 수 있다. 이 과정을 돌봄 내용에 따라 시간적으로 구분하여 각각의 돌봄 단계에서 고객의 만족도를 평가해 나가 끝으로 종합할 수 있다. 이러한 과정 평가 절차는 사례 관리를 하는데도 적용할 수 있다고 본다.

사례 관리의 경우

사례 관리를 하는 조직도 2원적 목표-외부지향적 목표와 내부지향적 목표-를 함께 지향한다. 즉 사회를 위한 목표와 조직 자체를 위한 목표를 동시에 추구하는 것이다.

이러한 2원적 목표를 추구하는 사례 관리 집행 조직이 돌봄 서비스 과정에서 공통적으로 부딪히는 문제를 간추려 보고자 한다(보건복지부, 2017; Rothman & Sager, 1998; 김성천 외, 2020).

외부지향 목표 수행을 어렵게 하는 문제

조직은 지원 및 협조를 지역사회의 다양한 조직 및 집단으로부터 지속적으로 받아야만 한다. 사례 관리의 특성이 지역사회 자원을 최대한으로 활용하는 것이다.

돌봄 서비스가 제공되는 세팅이 하나에서 복수로, 단기적인 돌봄에서 장기적인 것으로 연쇄적으로 이어져 나간다. 조직 내 접수에서부터 조직 밖에서 계속되는 추적이 대개의 경우 중장기적으로 이루어진다. 이와 같이 고객을 지속적으로 받아들여 돌보아 나가는 연속적인 과정에서 이들을 추적하면서 (대개의 경우 돌봄이 더 이상 필요 없을 때까지) 중기 또는 장기적으로 돌보아 나간다.

이렇게 조직이 사회를 위한 (외부지향적) 과업을 수행하는 데 겪는 공통적인 어려움을 아래와 같이 간추려 볼 수 있다.

* 인간 중시적 돌봄 서비스를 제공하는 데 어려움이 있다. 고객을 존중하며 인간적인 정으로 돌봄 서비스를 제공해야 하는 과제다. 사례 관리의 대상이 되는 다수 고객은 사회적으로 취약하며 경제적으로 어려운 생활을 하고 있다. 이들에 대한 돌봄 서비스를 제공하는 데 지켜야 할 가장 중요한 윤리적인 원칙은 인간 중시적으로 존엄성을 높여 주며 돌보는 것이다.
* 지역사회(공공 기관, 사회 단체, 시민 집단 등)로부터 업무 수행에 대한 고도의 인증을 받아 조직의 사회적 존재 타당성을 정립하는 데 어려움이 있다.
* 협조와 자원을 제공해야 하는 지역사회의 공공 기관, 사회 단체, 시민 집단, 사회복지시설 등은 비협조적인 경우가 많다.
* 협조해 주는 기관, 시설 및 집단의 성원들과의 인간 관계를 개발, 향상해야 한다. 사례 관리의 필요 조건이 지역사회의 다양한 인적 자원과 연계, 교환, 협동하는 것인데 이들과 호의적이며 협조적인 인간 관계를 개발, 유지해 나가는 데 어려움이 있다.

내부지향 목표 수행을 어렵게 하는 문제

내부지향적(조직 자체 유지를 위한) 목표를 수행하는 데 겪는 어려움을 간추려 보고자 한다.

* 균일화된 업무 진행에 많은 에너지를 투입하게 되어 고객 중심적 개별화된 돌봄 서비스를 실행하는 데 역부족임

* 사례 담당자의 역할에 대한 규정이 불명확함
* 업무(서류 작성, 케이스 배당, 현장 활동 등)가 과도함
* 요원 인력이 부족함
* 행정 지원이 부족함
* 돌봄 시간이 부족함
* 사례 관리 요원과 행정 요원이 빈번히 교체되어 업무 집행의 연속과 안정을 이루지 못함
* 요원 개발(전문성 고양)을 위한 노력이 부족함
* 대우 및 보상이 불충분함
* 요원 능력에 따른 업무 배당이 부적절함
* 요원들 간의 융합 및 정보 교환이 불충분함
* 요원들 간의 갈등 및 긴장 해소가 미흡함
* 조직 내부적 및 외부적 요인으로 알게 모르게 일어나는 변화에 대한 유연성 있는 대응이 어려움
* 요원의 잠재력 및 창의성을 발휘토록 유도해야 함
* 조직 내 인간 관계를 고양하는 문화의 개발이 필요함

이와 같은 문제들을 해소하기 위해서 조직은 적어도 다음과 같은 노력을 해야 한다고 본다.

* 자원 증대
* 요원 증원
* 업무량 감축
* 업무 시간 조정

* 서류 작성 감축
* 사례 관리의 목표와 절차 및 돌봄 서비스에 대한 명확한 규정
* 현장 실정에 대한 관심, 이해 및 파악
* 자유로운 정보 교환 및 의사 소통
* 요원들 간의 상호 협동
* 요원 대우 개선
* 요원의 작업 동기화
* 지역사회 협조자와의 대인 관계 개선
* 조직의 사회적 안락 및 안정성 고양
* 조직의 인간 관계적 문화 개발

요는 고객이 사회와 가족에 정착하여 안정된 삶을 유지하도록 도
와주기 위해 조직 안과 밖의 사용가능한 모든 자원을 활용하는 것이
다. 한 세팅에서 다음 세팅으로 중장기적으로 진행되는 사례 관
리의 전 과정의 각 단계와 절차에서 위와 같은 어려움을 풀어나가
면서 고객과 성원을 함께 인간 중시적으로 대우해 나가야 할 것이
다. 즉 외부지향적 및 내부지향적 목표를 균형을 취하며 추구하는
것이다.

위에 제시한 일련의 문제의 전부 또는 부분은 긴 돌봄 과정에 걸
쳐 수다한 돌봄 팀이 수다한 돌봄 서비스를 수다한 제공자가 전달
하는 다공화된 시설이 흔히 부딪히는 어려움이라고 본다.

다공화된 사회복지조직의 사례

새 시대에는 발전된 정보 교류망을 활용하여 수다한 세팅에서 수다한 팀으로 분리되어 수다한 돌봄 서비스를 수다한 제공자들이 전달하는 데 대한 복합적이며 방대한 정보를 신속히 교신, 전달해서 조직 본부의 총체적 업적으로 종합할 수 있다. 이러한 발전적 현상을 Hanzen과 Andersen이 제시한 다음적(多音的 polyphonic) 시각을 적용하여 다공화(多公化) 현상으로 해석할 수 있음을 앞에서 논의하였다.

즉 수다한 음악인들이 수다한 소그룹들을 이루어 수다한 종류의 멜로디를 지휘자와의 신속한 커뮤니케이션을 통하여 커다란 음악으로 종합하여 연주하는 상황을 해설한 것이다. 오케스트라 조직의 다공화(多公化)된 활동이 이루어지는 현상이다. 이러한 현상이 일반 사회조직에서도 일어나고 있다. [참조: 그림 4-1. 4-2]

제7장에서는 우리나라에서 대규모로 다공화된 조직들과 소규모로 다공화된 조직들을 들어 다공화 현상을 살펴보고자 한다. 크기의 차이가 있기는 하지만 이 다공화된 조직들은 다 같이 2원적 목표를 추구하고 있다.

대규모로 다공화된 조직
* 선명회
* 어린이재단

소규모로 다공화된 조직
* 중화노인복지관
* 강남시니어클럽(노인 일자리마련 시설)

1. 선명회(World Vision)

기본적 운영 이념

선명회는 '하나님의 사랑으로 이웃을 돕는다'는 종교적 이념을 기틀로 운영된다. 국내 구호사업에 관한 협약을 지키면서 국제민간조직(NGO)의 책임성 헌장 및 인도적 지원사업협약과 국제적십자 행동 수칙에 준수하는 정체성을 간직한다. 이러한 협약, 헌장 및 수칙을 준수하며 모름지기 커다란 사회와 여러 나라에서 뭇사람을 사랑하고 존중하며 돌보는 기독교적 가치를 발현하는 다공화된 돌봄사업을 다문화권에서 추진하고 있다.

선명회 조직(본부)은 이사회에서 선출된 회장 아래 경영전략본부와 국제 및 국내 사업본부를 두었으며, 나눔사업 본부에는 후원, 나눔, 커뮤니케이션 부서를 두고 있다. 이사회는 정책을 수립하고 재정 지원을 하는 리더십을 갖춘 기독교교계의 지도자들로 구성되었다. 전국의 개신교기독교교회가 운영자금이 염출되는 원천이 되고 있다.

1) 외부지향적 사업

선명회는 전 세계 100여 개 회원국으로 이루어진 국제선명회(World Vision International, WVI)의 일원으로서 이 WVI와 협동하며 운영되고 있다. 국제 연락사무소는 스위스 제네바, 유엔 대표부는 미국 뉴욕, 홍보 담당은 호주 멜버른, 옹호 사업국은 영국 런던에 있다. 4개 대륙 지역 사무소가 아프리카(케냐), 아시아태평양(방콕), 중남미(산호세), 중동동구지역(사이프러스)에 있다.

WVI는 선명회의 핵심 이념과 정체성 및 정책 방향을 제시, 검토, 평가한다. 회원국은 모금을 담당하는 20개 후원국(한국, 미국, 호주, 영국, 일본, 뉴질랜드, 캐나다, 중화민국 등)과 현장에서 긴급구호, 지역 개발 및 옹호 사업을 담당하는 수혜국으로 나누어진다. [한국은 수혜국 중에서 후원국으로 전환한 유일한 나라다.]

국제사업본부는 외부지향적 사업으로서 전략팀, 개별사업팀, 구호, 취약지역사업, 국제그랜트사업을 담당한다. 국내사업본부는 사업전략, 국내사업, 위기아동지원, 사회복지관, 꿈꾸는 아이들사업 등을 담당한다.

선명회의 이와 같은 대규모로 다공화된 사업을 일차적으로 아래와 같이 국내사업과 해외사업으로 나누고, 이차적으로 국내와 국외에서 실행되는 수다한 다공화사업들로 세분할 수 있다. [참조: 그림 4-1]

(1) 국내 사업(다지방, 다돌봄 세팅, 다돌봄 부서, 다돌봄 프로그램)

① 복지관(지방 및 돌봄 세팅)

* <u>서울</u>: 송파종합사회복지관

* <u>경기</u>, <u>인천</u>: 선학종합사회복지관, 성남종합사회복지관

* <u>강원</u>: 정선이동사회복지관, 동해종합사회복지관, 강원도장애인종합복지관, 춘천종합사회복지관

* <u>대전</u>, <u>세종</u>, <u>충남</u>: 한밭종합사회복지관

* <u>충북</u>: 용암종합사회복지관

* <u>전북</u>: 정읍사회복지관

* 광주, 전남: 무진종합사회복지관
* 대구, 경북: 범물종합사회복지관
* 부산, 울산, 경남: 연제종합사회복지관

② 가정개발센터(세팅)
* 서울: 꿈빛마을
* 경기, 인천: 경기아동비전센터, 동두천가정개발센터, 고양가정개발센터
* 강원: 원주가정개발센터, 태백가정개발센터
* 대전, 세종, 충남: 천안가정개발센터
* 충북: 제천가정개발센터
* 전북: 군산가정개발센터, 전주가정개발센터
* 광주, 전남: 목포가정개발센터
* 부산, 울산, 경남: 경남아동비전센터, 창원가정개발센터, 울산가정개발센터
* 제주: 제주가정개발센터

③ 사랑의 도시락 나눔의 집(세팅)
* 경기, 인천: 인천지부, 경기북지부, 경기지부
* 강원: 동해복지관, 강원지부
* 대전, 세종, 충남: 대전충남지부
* 충북: 충북지부-사랑의 도시락나눔의집
* 전북: 정읍복지관
* 광주, 전남: 광주전남지부

* <u>부산</u>, <u>울산</u>, <u>경남</u>: 연제구복지관

④ 꽃때말 공부방(세팅)
* <u>강원</u>: 태백꽃때말공부방, 원주꽃때말공부방
* <u>충북</u>: 제천꽃때말공부방
* <u>부산</u>, <u>울산</u>, <u>경남</u>: 창원꽃때말공부방

(2) 해외 사업(다수혜국, 다지방, 다돌봄 세팅, 다돌봄 프로그램, 다돌봄 제공자, 다수혜자)
　수혜대상 지역은 아래와 같이 아프리카, 중동-동유럽, 아시아 및 중남미의 4개 (다문화) 지역이다. 각 지역은 다시 각 수혜국으로 나누어진다.

① 아프리카
　콩고 민주공화국: 풍구루메 지역 등; 잠비아: 뭄브와 지역 등; 우간다: 카총가 지역 등; 탄자니아: 레이크에야시 지역 등; 에스와티니: 마들란감피시 지역 등; 시에라리온: 니미코로 지역 등; 세네갈: 퐁고 지역 등; 르완다: 우부뭬 지역 등; 니제르: 마카론디 지역 등; 말라위: 부아음테테 지역 등; 모잠비크: 도무에 지역 등; 말리: 소로 지역 등; 케냐: 와지르 지역 등; 가나: 판테아크와 지역 등; 에티오피아: 노노 지역 등; 부룬디: 기타바 지역 등

② 중동 & 동유럽
　팔레스타인: 남부제닌 지역 등; 보스니아 헤르체고비나: 라쉬바

지역 등; 알바니아: 리브라즈드 지역 등

③ 아시아

베트남: 트라미 지역 등; 필리핀: 바탕가스 지역; 네팔: 모랑 지역; 미얀마: 피지다곤 지역 등; 몽골: 날라이흐 지역 등; 스리랑카: 비빌리 지역 등; 라오스: 세폰 지역 등; 인도: 부바네스와르 지역 등; 인도네시아: 망가라이 지역 등; 캄보디아: 상큼트머이 지역 등; 방글라데시: 보그라 지역 등

④ 중남미

과테말라: 에르미따 지역 등; 엘살바도르: 누에바비다 지역 등; 볼리비아: 차얀타 지역 등

(3) 해외 3대 사업
① 개발 사업(다돌봄 프로그램)

후원받는 아동, 가족 및 지역주민의 삶을 개선하기 위해 수혜국의 지역 공동체, 정부, NGO와 협력하여 식수 및 보건 사업, 농업 개발 및 소득 증대 사업, 교육 및 주민 역량 강화를 위한 프로그램을 운영한다.

② 긴급 구호 사업

재난의 위험이 있는 지역에 자원과 요원을 배정하여 긴급 상황이 벌어지기 전에 재난에 대비하고, 재난이 일어난 후에 스스로 회복할 수 있는 능력을 키운다.

③ 옹호 사업

수혜국의 지역주민이 지역적, 국가적, 세계적 수준에서 인권에 대해 목소리를 높이도록 돕는다. 부당한 정책과 악습을 바꾸도록 권력자들을 설득하여 가난한 자들의 목소리를 대변한다.

운영

재단의 기본 이념을 기틀로 국내외 협약을 준수하는 정체성을 간직하며 다문화권 수혜국들의 지역적 필요에 부합되게 운영된다. 지역의 기독교인들이 참여, 협력하는 지원 프로그램을 실시한다.

회원국

한국을 포함한 100개국

후원국

한국을 포함한 20개국

재단 종사자 현황

국내 500여 명(다전문직 자격보유자)
해외 37,668명(현지 전문인, 공동사업자 등 포함)

커뮤니케이션

선명회는 국내외를 커버하는 다공화된 대규모 조직이어서 회원국들의 여러 돌봄 세팅 및 지원자들과의 정보 교환을 빈번하게 대량으로 진행하고 있다. 국제선명회의 100여 개 회원국, 각 수혜국에 산재해 있는 수다한 돌봄 세팅과 국내의 수다한 돌봄 세팅 및 교회·종교 단체와의 통신은 주로 이메일로 이루어지며, 연차 및 월차 보고서 같은 정기적 보고를 통해서도 이루어진다. TV 등 전자 매체로 화상 회의 및 면접 회의를 통해서도 교환된다. 국제회의 참석과 현장 검증을 위한 출장 검정(모니터링)을 하여 사업 수행과 지역 협력에 관한 정보를 확보한다. 재단 소속 요원을 중심으로 현지의 협조자와 프로그램의 수정 및 변경에 관한 정보를 교환하고, 재정 지원, 물자 보급 등에 관한 교신을 한다. 또한 일반 행정, 사업 관리, 재무 관리 등에 대한 정보가 수집된다. 정보 관리에 투입되는 비용은 증가하는 추세다. IT로 발전된 통신망(SNS)을 갖추어 사업 부서별로 커뮤니케이션을 하고 있다(최재성, 2012).

2) 내부지향적 사업

선명회의 내부지향적 사업은 아래와 같이 간추려 볼 수 있다.

* 전문성 향상 : 교육비 지급; 연수(워크숍/세미나) 참여; 외국어 학습
* 안정적 근무환경 조성 : 사고 예방; 휴식 공간 제공
* 신축성 함양 : 돌봄 사업 실행 규칙, 고객 욕구 등의 변동에 대한 대처
* 화합 증진 : 고객, 요원, 구청관리, 주민센터요원과의 협동 관계 개발
* 발전된 커뮤니케이션 시스템 활용 : 정보와 자료를 돌봄 제공

자, 사무직원, 감독자, 상위 운영자가 이메일, TV 등 매체를
통해 집합, 분석, 교류
* 바자, 모금 활동
* 자원 봉사자 확보
* 고충 처리 : 부당한 압력 배제, 긴장 해소
* 휴가 : 안식년, 해외 연수, 특별 휴가
* 포상 : 장기근속자 상; 진급, 직급 상향; 월급 인상; 경조사비
  지원
* 합동 예배

이상과 같이 선명회 조직의 자체 유지를 위한 내부지향적 활동이
이루어지고 있다. 선명회는 외부지향적 목표와 내부지향적 목표-2
원적 목표-를 수행하며 성원들은 종교적 믿음으로 이타성과 투명성
을 견지하고 전문성과 국제성을 갖춘 다공화된 거대 조직의 멤버로
서의 위상을 과시하고 있다.

2. 어린이재단

어린이재단은 1950년 6·25전쟁 전후 고아 구호사업에 집중한
이후 현재에 이르는 장기간에 걸쳐 아동을 위한 복지사업, 애드보
커시(옹호사업), 모금사업, 연구조사 등 사업을 국내외에서 실시해
나오는 다공화된 대표적 한국아동복지기관이다.

국내외에서 매년 약 100만 명 아동에게 직접적 및 간접적 도움을

주며 이들의 미래를 열어가는 다양한 복지사업을 운영하고 있다. 전 세계 58개국의 어린이를 도와주는 국제어린이재단연맹(Childfund Alliance)과 제휴하여 상호 협동하며 다문화권의 22개국 아이들을 지원하고 있다. [참조: 그림 4-1]

기본적 운영 이념

어린이재단은 국제어린이재단연맹의 회원으로서 빈곤과 질병으로 고통받는 어린이를 인간애와 인간 존중의 이념을 기틀로 구호, 재활, 성장토록 돌본다. 국제 협약 및 규율을 준수하며 특화되고 표준화된 아동돌봄사업을 여러 문화권에서 투명성 있게 실행하는 정체성을 간직하며 운영되고 있다.

한국전쟁 후 이 재단을 설립한 (KAVA의 회원이었던) 미국의 Christian Children Fund(CCF)의 기독교적 이념을 이어받기도 했거니와 현재 이 방대한 다공화된 어린이돌봄사업을 운영하는 상하 운영자들 다수도 역시 하나님의 사랑을 전파하는 이념을 이어받아 간직하고 있다.

어린이재단은 이사회에서 선출된 회장 아래 경영 본부와 국제 및 국내사업 본부를 두었으며, 후원, 나눔, 커뮤니케이션 부서를 두고 있다. 이사회는 정책을 수립하고 재정 지원을 하는 사회복지, 문화 언론, 산업금융 부문의 리더십을 갖춘 인사들로 구성되었다. 이렇게 이루는 재정 지원과 함께 모금 활동을 국내외에서 조직적으로 실행하고 있으며, 정부감독 하에 재무 관리를 투명성 있게 집행하고 있다.

전문성

국내외 아동을 위해 생존 지원, 보호 지원, 발달 지원, 권리 옹호 사업을 펼치고 있다. 아동의 성장과 관련된 모든 영역에서 특화되고 표준화된 돌봄 서비스를 제공하는 전문 인력을 갖춘 한국 최대의 아동복지기관이다. 빈곤아동 돕기와 아동 옹호가 주력사업이다.

투명성

기부금품 모집 및 사용에 관한 법률을 준수하고 후원자의 뜻을 존중하면서 투명하고 책임성 있게 사업을 운영하고 있다.

역사성

한국전쟁 이후 70여 년 동안 빈곤과 질병으로 고통받는 아이들을 도와 아이들이 꿈과 희망을 갖고 다시 일어설 수 있도록 지원하는 다목적 사업을 펼쳐왔다.

국제성

다공화된 사업으로서 전 세계 58개국 아이들을 도와주는 국제어린이재단연맹의 22개 회원국과 제휴하여 아이들을 지원하고 있다. 결연 후원 아동만 25,000명에 이른다.

운영 기구

회장 아래 법인 본부를 두고 아래 3개 부문으로 나누어 운영된다.

* 해외사업부문(국제개발협력 담당)
* 국내사업부문(후원 서비스, 복지사업 나눔 마케팅, 초록우산 담당)
* 국내지역본부(아동 옹호, 사회복지관, 가정위탁지원 등 담당)

종사자 현황(직군 자격증 보유)

모금 담당 203명(20%); 복지사업 담당(국내) 600명(58%); 복지사업 담당(해외) 35명(3%); 경영 지원 116명(11%); 연구 8명(1%); 기관장 65명(6%)

총 1,027명

해외사업에는 현지 수혜국의 공동사업 참여자, 협동자 등이 참여하고 있음. 해외복지사업 담당은 회원국을 순방, 모니터링하며 사업에 대한 지시, 감독, 조언을 함.

1) 외부지향적 사업(다수혜국, 다세팅, 다돌봄프로그램, 다수혜자)

(1) 국내 사업
① 아동 옹호 프로그램
* 아동 권리 증진(아동 권리 인식 개선, 아동 권리 행사 지원)
* 가족 기능 강화(안전하고 건강하게 자라도록 양육 서비스 제공, 가족의 책임과 역량 강화)
* 교육, 여가, 문화 지원(올바른 인성을 기르고 전인적 발달을 하도록 지원)

* 폭력에서 아동 보호(폭력 예방, 피해 아동 회복, 보호와 지원,
　　재발 방지)
　　* 기본적인 생활 보장(생활 보장, 보건 및 복지 서비스 제공)

　아동 권리를 침해하는 국내외 정책과 제도가 개선되도록 시민의
인식 개선, 환경 개선을 지향하는 시민 캠페인 및 시민 교육을 함.

　② 국내 사업 지역
　[사업유형 (1~7)](다지역)
　1=지역 본부; 2=사회복지관; 3=가정위탁지원센터; 4=아동보호전
문기관; 5=아이존(상담. 치료 제공); 6=한사랑공동체(장애아동 치
료, 교육); 7=아동옹호센터
　경기 1, 3, 6, 7; 인천 1, 3; 서울 1, 2, 3, 5, 7; 강원 1, 4; 충북
1, 2; 충남 1, 3; 대전 1, 2; 경북 1, 7; 대구 1, 2, 4; 울산 1; 경남
1, 3, 7; 부산 1, 2, 7; 전북 1, 2; 전남 1, 4, 7; 광주 1, 3, 4, 7; 제
주 1, 2, 4

　[사업유형 (1~7)] (다부서)
　1=지역본부; 2=사회복지관; 3=가정위탁지원센터; 4=아동보호전
문기관; 5=아이존(상담. 치료 제공); 6=한사랑공동체(장애아동 치
료, 교육); 7=아동옹호센터

(2) 북한 사업
　북한의 식량난과 식수 문제를 해결하기 위해 영양 개선, 농업 개

발, 식수 개발 및 위생, 지역 개발 등을 함.

(3) 해외 아동 지원 사업(다수혜국, 다세팅, 다지원 사업, 다지원 대상자)

지원 대상자는 영유아(0-5세), 아동(6-14세) 및 청소년(15-24세)이다.

* 교육(양질 교육 지원)
* 자립 지원(가족의 취업, 창업을 지원하여 안전적 환경에서 성장, 자립하도록 함)
* 보건 의료(건강하게 성장토록 보건 의료 인력 및 시설, 약품 지원, 질병 예방 교육)
* 식수 위생
* 아동 보호(폭력, 착취, 방임으로부터 보호)
* 인도적 지원(자연 재해, 전쟁 등 위기로부터 보호)

(4) 해외 수혜지역(다수혜국)

① 아프리카

가나, 남수단, 르완다, 말라위, 모잠비크, 탄자니아, 브르키나파소, 세네갈, 시에라리온, 우간다, 에디오피아, 잠비아, 케냐

② 아시아

네팔, 동티모르, 라오스, 미얀마, 방글라데시, 베트남, 스리랑카, 인도네시아, 캄보디아, 필리핀

③ 중남미

볼리비아

2) 내부지향적 사업

어린이재단의 내부지향적 사업을 아래와 같이 간추려 볼 수
있다.

* 전문성 향상 : 교육비 지급; 연수(워크숍/세미나) 참여
* 안정적 근무 환경 : 사고 예방; 휴식 공간
* 신축성 함양 : 실행 규칙, 고객 욕구 등의 변동에 대한 대처
* 화합 증진 : 고객, 구청 관리, 주민센터 요원들과의 협동 관계
  개발
* 발전된 커뮤니케이션 시스템 활용 : 돌봄 제공자, 사무직, 감독
  자, 상위 운영자가 이메일, TV 등 매체를 통해 집합, 분석, 교류
* 바자 개최, 모금, 후원금 모금
* 자원 봉사자 확보
* 고충 처리 : 부당한 압력, 긴장 해소
* 휴가 : 안식년, 해외 연수, 특별 휴가
* 포상 : 장기 근속자 포상; 진급, 직급 상향, 월급 인상, 경조사
  비 지원 커뮤니케이션

국제어린이재단연맹의 22개 회원국과 국내외에 분산된 여러 돌
봄 세팅 소속 요원들과의 통신은 주로 이메일과 화상 회의를 통해

이루어진다. 연차 및 월차 보고 같은 정기적 통신을 통해서도 정보가 교환된다. 필요 시 현장 출장으로 모니터링해 사업 수행에 대한 정보를 확보한다. 주로 재단 소속 요원을 중심으로 현지 협조자와 프로그램의 수정, 보완 및 변경 그리고 협동에 관한 정보를 교환하고, 재정 지원, 물자 보급 등에 관해 교신한다. 아울러 행정 관리, 재무 관리 등 재단 운영에 관한 정보를 확보한다. IT를 활용한 발전된 통신(SNS)을 갖추어 다공화된 국내외 하위 조직과 커뮤니케이션을 한다(최재성, 2012).

어린이재단은 위와 같이 외부지향적 및 내부지향적 이원적 목표를 수행하며 성원들은 역사성, 투명성, 전문성 및 다공화된 조직의 요원으로서 높은 위상을 갖추어 봉직하고 있다.

3. 중화노인복지관

기본적 운영 이념

한국의 대표적 사회복지법인 자광재단의 '사랑의 빛으로 하나 되는 세상'을 지향하는 이념을 기틀로 시작됐다. 2000년 초부터 저소득 지역사회에서 고령자의 일상 생활의 질을 높이기 위한 다양한 돌봄 서비스와 치매노인 데이케어를 제공하고 있다.

노인복지관 관련 법(1981) 및 시행령(1982)에 준거하여 예방, 보호, 통합의 3대 기능을 중심으로 운영하고 있다.

지방자치단체의 행정 감독과 재정 지원 하에 나라의 노인복지정책에 준거하며 투명성 있게 복지관 조직 테두리 안에서 다공화된

노인복지사업을 발전된 커뮤니케이션을 통해 모범적으로 운영하고 있다. [참조: 그림 4-2]

인력 현황

법적 배치 인원 수를 확보하고, 자격증 소지 직원 비율을 100% 유지하며, 근속직원 수(근무 경력 3~5년 이상)를 보유하고 있다. [관장, 사회복지사(4명), 영양사, 취사원(3명), 자원봉사자(수명).

1) 외부지향적 사업

(1) 주요 사업(다작업 부서, 다돌봄 서비스, 다고객)
식사, 돌봄 서비스, 상담, 레크리에이션

점심 제공, 도시락 배달, 간식 제공,
재가/독거 노인 지원, 구호 서비스, 의뢰 서비스,
가족 지원, 휴식 및 오락 서비스,
나들이, 관광, 교통편 제공,
법률 상담, 생활정보 제공

보조적 돌봄, 지역사회 지원, 데이 케어 사업

가족 통합 서비스, 보건 지원/교육,
치매 고령자 데이 케어 및 가족 지원,
주간 보호, 건강 교육, 영양 교육,

음악 연주/감상, 미술/서예 작품 발표 및 전시,

조화 제품 발표 및 전시,

IT 용범 지도, 독서(도서실 이용), 운동(탁구, 체조 등),

미용 및 이용 서비스,

지역 내 자원봉사, 지역복지 개발

점심 식사, 상담, 서예 클럽으로 시발한 복지관의 돌봄 사업은 지난 10여 년 동안 개발, 화장되어 치매노인을 위한 데이케어를 포함한 다양한 돌봄 서비스를 제공하고 있다. 복지관 조직 테두리 안에서 다공화 현상을 이루고 있다.

2) 내부지향적 사업

내부지향적 사업은 아래와 같은 업무 관리, 요원 관리, 유관 기관 교류, 모금/기부 관리와 관련된 사업으로 간추려 볼 수 있다.

* 전문성 향상 : 교육비 지급; 연수(워크숍/세미나) 참여
* 안정적 근무 환경 : 사고 예방; 휴식공간
* 신축성 함양 : 실행 규칙, 고객 욕구 등의 변동에 대한 대처
* 화합 증진 : 고객, 구청관리, 주민센터요원과 협동 관계 개발
* 커뮤니케이션 시스템 활용
* 바자 개최, 모금, 후원금 모금
* 자원 봉사자 확보
* 고충 처리 : 부당한 압력, 긴장 해소

* 휴가 : 안식년, 해외 연수, 특별 휴가
* 포상 : 장기근속자; 진급, 직급 상향, 월급 인상; 경조사비 지원

위와 같이 중화노인복지관의 성원들은 고령자의 일상 생활의 질을 높이기 위한 다공화된 돌봄 서비스를 제공하고 있다. 해당 지역 사회 한복판에 위치하며 비교적 소수 요원이 다수 고령자가 필요로 하는 다양한 돌봄 서비스를 정체성과 이타성을 갖추어 제공하며 보람 있는 전문직 경로를 밟고 있다. 점심 식사, 서예 클럽 등 제한된 돌봄 서비스로 시발한 소규모 복지사업을 교육, 보건, 레크리에이션, 이미용 서비스, 도시락 택배, 자원봉사 등 다양한 돌봄 서비스를 보태어 확장하였다. 게다가 저소득노인에게 긴요한 치매노인 데이케어센터를 부설해서 다공화를 증대하여 복지관의 위상을 높였다. 크게 늘어난 저소득 노인들의 복지 욕구를 비교적 소수의 요원과 제한된 자원으로 충족해 나가고 있다.

다양하고 복합적인 기법을 필요로 하는 돌봄 사업을 구청 요원 및 동회장과 협조 관계를 유지하며 연관단체/집단과의 제휴, 협동을 통해서 원활히 운영해 나간다. 관료제적이고 통제적인 운영을 지양하고 민주적이며 참여적인 운영을 한다. 이러한 운영을 추진하는 유능한 리더를 갖추었으며, 이 복지관과 부속 치매노인케어센터는 감독기관으로부터 여러 차례 표창을 받았다.

4. 강남시니어클럽

기본적 운영 이념

사회복지법인 자광재단의 '사랑의 빛으로 하나 되는 세상'을 지향하는 이념을 기틀로 운영한다. 보건복지부 지정기관으로서 지방자치단체의 행정 감독과 재정지원 하에 2000년 초부터 강남 지역 중심으로 노인의 삶의 질을 높이기 위한 30여 가지 일자리 마련 사업을 하고 있다. 노인 능력에 맞는 직종 개발, 일자리 창출, 사회 참여, 취업 알선, 성취감 및 자존감 증대를 지향하여 노회원들을 내부 작업에 배정하고 아울러 외부 작업에 파견하는 방식으로 운영하고 있다. 지방자치단체 감독과 재정 지원 하에 나라의 노인복지정책에 준거하며 다공화된 돌봄 프로그램을 투명성 있게 운영하고 있다. [참조: 그림 4-2]

1) 외부지향적 사업

(1) 주요 사업(다사업, 다세팅, 다고객)
인력 파견형 사업, 시장형 사업 I, 시장형 사업 II

설문 조사원, 시험 감독원, 해피 콜, 실버 인력 제공,
생필품 제조 및 판매, 향료 제조, 쿠킹 클래스,
제과/제빵 및 판매,
지하철 택배, 아파트 택배,
적토마, 방과후 수업, 방과후 지도,
매니저 센터, 자원봉사, 각종 공동 작업

등 30여 개 사업

시장형 사업 Ⅲ 고유사업 외

(서비스제공)

알록달록 종이 접기, 시니어 아이 케어,
날아라 풍선 아트, 시니어 모델 두드림,
숲 생태 지도자 클럽 고유 강사 파견,
아트 클럽, 재능나눔,
신나는 스트링 아트,
멋글씨 캘리그라피,
사랑 느낌,
꿈꾸는 독서 지도,
Edu 클럽,
소담 급식도우미 등

인력 현황

법적 배치 인원 수를 확보하고, 자격증 소지 직원 비율 100%를 유지하며 근속직원 수(근무 경력 3-5년 이상)를 보유한다. [관장, 과장(1명), 대리(1명), 사회복지사(3명), 전담 인력(5명 유자격자) 외 자원봉사자 수명.

2) 내부지향적 사업

* 전문성 향상 : 교육비 지급, 연수(워크숍/세미나) 참여
* 안정적 근무 환경 : 사고 예방; 휴식 공간
* 신축성 함양 : 실행 규칙, 고객 욕구 등의 변동에 대한 대처
* 화합 증진 : 고객, 구청 관리, 주민센터 요원들과의 협동 관계
* 커뮤니케이션 시스템 활용
* 바자 개최, 모금, 후원금 모금
* 자원 봉사자 확보
* 고충 처리 : 부당한 압력, 긴장 해소
* 휴가 : 안식년, 해외 연수, 특별 휴가
* 포상 : 장기근속자; 진급, 직급 상향, 월급 인상; 경조사비 지원

위와 같이 강남시니어클럽 성원들은 고령자의 일상 생활의 질을 높이기 위한 고도로 다공화된 일자리 마련 서비스를 제공하고 있다. 주로 센터 조직을 세팅해서 외부에 파견하는 방식으로 일자리 마련 사업을 수행하고 있다. 센터 요원들은 고령자가 가장 중시하는 수입 창출을 위한 돌봄 서비스를 하는 데 대한 긍지를 가지고 보람 있는 전문직 경로를 밟고 있다. 이 센터를 리드하는 센터장은 센터 창립 시부터 오늘의 대성장을 이룩한 유능한 관리자다. 이 센터는 감독기관들로부터 여러 번 표창을 받았다.

조직 행정에 참조할 요건 및 시각

이상 4개 사례에서 공통적인 조직 운영 상황이 드러났다. 존엄한

설립 이념과 신빙성 있는 정체성을 기틀로 다양성을 갖춘 인간 중시적 돌봄 서비스를 제공하고 있다.

각기 수다하게 분리된 부서들에서 수다한 돌봄 요원들이 제공하는 다양한 사회복지 활동을 규합하여 종합적 업적을 이룩하고 있다. 우수한 리더십, 원숙한 감독자 및 전문성을 갖춘 성원을 보유하고, 상당한 운영 자원을 지원받고 있으며, 수다한 계층과 업종의 성원을 존중, 대우, 지지하고 있다. 또한, 대량의 정보를 컴퓨터 시스템, TV 등 커뮤니케이션 매체를 통해 전달, 교환하며 유연성 있게 변화에 대처하면서 다공화된 돌봄을 제공하고 있다. 이 모두가 효과적 운영을 지향하는 행정적 요건들이다.

이런 요건들을 갖추어 이 책의 주요 관심사인 인간 존중 가치가 발현되고 다공화된 복지 활동이 조직 중심으로 바람직하게 이루어지고 있음이 드러났다. 이러한 조직 활동이 진행되는 맥락에서 앞서 제5장에서 논의한 조직에 대한 일련의 시각이 이 사례들의 조직 활동에 직접적, 간접적으로 적용 내지 반영되고 있음이 드러나 보였다.

조직의 합리적 목표를 추구한 Weber와 Taylor의 시각, 이 시각과 인간 관계를 연계한 March와 Simon의 타협적 접근, 조직과 환경과의 상호 교환을 중시한 Lawrence 등의 상황적합론적 시각, Parsons, Katz, Kahn 등의 개방체계론적 시각이 반영되고 있음을 감지할 수 있다.

특히 이러한 시각들을 종합한 Zald의 정치 체계적 접근, 즉 조직 내부와 외부에서 작용하는 복합적 변인(조직 구성원의 권력 및 책임 분담, 사회적 목표 수행, 자원 획득 및 분배, 감독 및 규제, 환경과의 교류 등) 간의 다양한 상호 작용을 이루며, 자연체계론적 시각, 의사결정론적 시각, 상황적합론적 시각 등을 종합해서 이 사례들의 조직 활동을 설명할 수 있다고 본다.

아울러 IT 기틀의 커뮤니케이션의 필요성 및 Burns와 Stalker의 조직의 유기적 성향을 해명한 시각 등이 4개 다공화된 조직들의 종합적 및 부분적 활동/운영에서 반영되고 있음을 감지할 수 있다.

이러한 조직에 관한 시각과 접근은 모두가 조직, 특히 다공화되어 다양성과 복합성을 갖춘 조직을 이해, 연구하는 데 선별적 또는 연계해서 고찰해야 할 요건들이라고 본다.

이어지는 인간화 및 다공화

다수 사회복지조직은 앞에서 예증한 바와 같이 인간화된 돌봄을 제공하면서 다공화되고 있다. 조직은 다공화됨으로써 다양한 돌봄을 여러 곳에서 수많은 사람에게 제공하여 사회 기여도를 자랑하며 존립 타당성을 갖출 수 있다. 뿐만 아니라 인적 및 물적 자원을 더 많이 확보하여 조직 자체의 생존 가능성을 높이고 앞으로 더 많은 과업을 수행할 능력을 갖출 수 있다(Perrow, 2014; Coffman & Gonzalez-Morina, 2002).

하지만 다공화되는 조직은 새로운 도전에 대처하기 위해 발전적 행정이 필요하게 된다. 즉, 인간 중시적 정체성을 확립하고, 유능한 관리팀을 갖추고, 작업 기준을 재정비하고, 요원을 지지하여 작업 동기를 유발하고, 이들의 전문성을 높이고, 운용 자원을 늘리고, 발전된 커뮤니케이션 네트워크를 갖추고, 다문화 적응 능력을 길러내어 외부로부터의 충격을 유연성 있게 해소하면서 운영해 나가야 한다.

앞에서 제시한 바와 같이 대규모로 다공화된 선명회와 어린이재단은 위와 같은 발전적 행정에 필요한 조건들을 거의 모두 갖추었고, 소규모로 다공화된 중화복지관과 강남시니어클럽도 규모와 정도에 차이는 있지만 이런 조건을 대부분 갖추었다. 이 조직들에 2원적 목표의 틀을 적용하여 외부지향적 목표와 내부지향적 목표를 인간 중시적으로 달성하는 실황을 살펴보았다.

1. 2원적 목표 지향

조직의 중심적 역할은 사회로부터 위임받은 고객 돌봄 과업을 사회가 기대하는 바에 따라 수행하는 것이다. 즉 거시적인 사회복지 정책을 미시적인 돌봄으로 전환하여 사회 현장에서 실행하는 중시적 과업이다.

이 과업을 행하는데 조직이 지켜야 하는 기본적 가치는 고객에게 인간화된 돌봄의 효과성을 지향하며 제공하는 것이다. 조직의 외부지향적 과업이다. 조직은 이 과업과 아울러 내부지향적 과업도 인간 중시적으로 수행해야 한다. 즉 조직 성원들을 존중하여 근무 조건을 향상해서 이들이 화합된 집단을 이루어 작업 의욕을 돋우게 하여 조직 자체의 유지와 생존을 위한 과업을 수행토록 하는 것이다. 두 가지 목표를 형평을 이루어 추구하는 것이다.

공교롭게도 사회복지조직을 감독, 지원하는 정부도 바로 이러한 두 가지 목표-(1) 질이 좋은 돌봄 서비스를 사회에 제공할 것(외부지향적 목표) 및 (2) 조직 내 성원들에게 마땅한 대우를 할것(내부지향적 목표)-를 수행할 의무를 지령하였다(보건복지부, 2020).

즉 외부지향적인 고객을 위한 돌봄을 질이 좋게 수행하는 동시에 내부지향적인 조직 성원에 대한 대우도 마땅하게 수행해야 함을 요청한 것이다. 질이 좋은 돌봄이란 인간 중시적이며 효과적인 돌봄을 뜻하고, 성원에 대한 마땅한 대우도 역시 인간 중시적으로 정당한 보상과 호의적인 지지를 하는 것이다.

앞에서 고찰한 다공화된 대규모 및 소규모 조직 사례에서는 하위 단위별로는 물론 조직 총체적으로 이러한 2원적 목표가 바람직하게 추구되었음이 드러났다.

유용한 2원적 목표

전술한 바와 같이 연구자들은 조직의 효과성을 포괄적으로 설명하는 이론적 틀을 제시하지 못하였다. 조직의 다양한 속성을 다각도로 고려하지 못한 것이다. 이러한 판국에 창의적인 Mohr의 2원적 목표가 등장하여 조직 연구에 편의와 활력을 제공하였다. 이 이론은 2원적 목표를 형평을 이루어 달성해야 함을 거론한 것이다.

외부지향적 목표는 사회, 단체, 집단, 개인이 달성해 주기를 원하는 목표다. 이 목표를 성취하는 정도에 따라 효과성이 평가되며 운영에 필요한 자원을 지원받고 존재 타당성을 인정받게 되는 것이다.

내부지향적 목표는 조직 내 성원들이 제휴하여 연합체를 이루어 조직을 위해 공헌하도록 충분한 정서적 및 수단적 지원을 유도함으로써 추구할 수 있다.

2. 조직의 효과성 지향

조직은 사회를 위한 외부지향적 목표를 달성하기 위해 의도적으로 설립되었다. 조직이 이 목표를 효과적으로 성취하는 정도는 조직 내부의 성원들이 위와 같은 인간화된 근무 조건을 갖추어 업무를 성실히 수행하는 데 따라 결정될 수 있다. 이러한 외부 및 내부의 목표 추구 활동, 즉 효과성을 지향하는 활동을 종합적으로 평가하기 위한 개념적 틀이 필요하다. 하지만 효과성 분석에 대한 상이

한 이론적 모델이 나와 다양한 효과성 기준들이 혼란스럽게 제시돼
왔다. 이러한 맥락에서 조직의 목표 달성 평가에 초점을 두는 방법,
목표 달성 접근이 제일 널리 사용되고 있다. 2원적 목표 달성은 이
접근의 범주에 속한다.

효과성 지표의 선택

조직 효과성 측정 작업은 저명한 연구자들에게도 쉽지 않은 작업
이었다. 이들은 효과성 지표로서 생산성, 순이익, 사명 달성, 조직
확장 그리고 성원의 사기, 헌신, 만족, 응집성, 이직률 등을 적용해
왔다. 하지만 다수 조사에서 이와 같은 지표를 적용해서 산출한 자
료는 일관성이 없고, 통계적 유의도가 낮거나 없는 것으로 나타났다.

이러한 어려움을 겪는 맥락에서 2원적 목표의 틀을 바탕으로 두
가지 목표의 성취 정도를 측정해 나가는 것이 이론적으로 합당하며
실용적 접근이 될 수 있음이 드러났다.

이 접근에 따라 조직이 고객을 확보하여 이들에게 만족할 돌봄을
전달하는 것을 외부지향적 효과성 기준으로 택하고, 조직 내 성원
간의 긴장 및 갈등의 부재와 환경 변화에 대응할 유연성을 내부지
향적 효과성 기준으로 택하였다. 그리고 이 두 가지 목표의 하위
목표들을 선정해 나갔다. 이렇게 2원적 목표의 틀을 적용해서 다공
화된 조직이 인간 중시적으로 목표를 추구하는 실황을 실례를 들어
살펴보았다.

요양원의 경우, 노고객을 확보해서 이분들의 자율성을 존중하여
개인적 욕구를 충족하며 가정적 분위기 속에서 질 좋은 돌봄을 제
공하여 삶의 질을 향상하는 인간화된 돌봄을 외부지향적 목표로 추

구하였고, 내부지향적 목표로서 성원들의 유연성 증대, 전문성 향상, 증원 및 보상, 지도력 향상 등을 추구했다.

소년교도시설의 경우, 관리자의 가치관이 수용된 소년 수형자를 위한 돌봄의 성격과 실행에 커다란 영향을 끼쳤다. 외부지향적 목표로서 일부 시설은 통제·감금 중시적 접근을 하였고 일부 시설은 교육·치료 중시적 접근을 했다. 인간 중시적인 치료·교육 위주 시설은 다공화되어 조직 내외부에서 진행하는 업무와 부서 수, 돌봄을 전달하는 전문인이 많으며 이들은 치료적 프로그램 개발에 주력하며 많은 권한을 행사했다. 그리고 조직 자원을 치료와 교육에 우선적으로 투입했다. 대조적으로 인간 중시적 성향이 낮은 시설에서는 이런 조직 행위와 대조되는 실상이 드러났다.

위와 같은 요양원과 교도 시설의 대조적인 접근이 가져온 결과가 어떻게 다른가를 보게 된다. 조직의 다공화는 성원을 존중하며 의사 결정에 참여토록 하며, 돌봄 유형 및 제공자의 다양성을 수렴하며 비관료제적으로 유연성 있게 운영되는 인간 중시적 조직에서 이루어질 가능성이 크다. 대조적으로 비인간 중시적이고 권력이 한 사람에게 집중되어 있으며, 다양성이 결핍되고 폐쇄적이며 경직된 구조를 가진 조직에서는 어려움을 감지하게 된다.

보건클리닉의 경우 외부지향적 효과는 고객의 돌봄에 대한 만족도와 고객 확보 능력으로 평가되고, 내부지향적 효과는 성원 간의 긴장의 부재 및 유연성으로 검정되었다.

위와 같이 시설 조직의 효과성은 2원적 목표에 준거하여 검증될 수 있음이 드러났다. 두 목표는 서로 보완, 지지하는 관계에 있어 평형을 이루어 달성되는 것으로 나타났다. 두 개의 효과성 영역-외부지향적 효과성과 내부지향적 효과성-을 갖추어 각 영역에서 인간화된 돌봄 활동이 이루어져 결과적으로 조직의 총체적 효과성을 이루게 되었다.

3. 조직의 인간화

사회 현실을 들여다보면 상당수 조직은 인간 중시적 가치와 정을 발현하면서 돌봄을 제공하는 데 어려움을 겪고 있다. 돌봄을 받는 고객은 존엄성을 간직한 고귀한 사람이다. 따라서 이들에게 인간 중시적 돌봄을 도덕적으로 제공해야만 한다. 이런 필요성 때문에, 전술한 바와 같이 조직 연구자들은 조직의 인간화를 조직 개혁의 으뜸가는 원칙으로 삼고 있다. 이 원칙에 따라 인간 중시적 가치를 강조하며 다음과 같은 행정적 요건을 갖춰야 함을 권장해 왔다.

즉 조직 관리자는 성원들에 대한 감시와 통제 등 규제를 최소화하고, 권력을 분산하고, 소통을 증진하고, 이들의 자아 성장을 돕고, 자존심을 높이고, 대우를 개선하여 지지해 주며 일할 의욕을 북돋워 주어야 한다.

앞의 사례에서는 대체로 이렇게 관료제 속성을 억제, 축소하여 인간 중시적 체계를 갖춤으로써 성원들이 고객에게 양질의 돌봄을 제공하면서 업무 실적을 올릴 수 있는 작업 환경을 조성하고 있다.

돌봄의 인간화와 다공화

다공화된 선명회와 어린이재단 그리고 중화복지관과 강남시니어

클럽을 바람직하게 운영하도록 이끈 힘은 곧 정이 깃든 인간 중시적 이념이다. 이러한 이념이 뭇사람(公)을 위한 돌봄을 여러 전문인이 여러 세팅에서 도덕적으로 수행토록 이끈 강력한 힘이 되었다고 본다.

여러 세팅에서 작업하는 하위 조직은 본부 조직과 같이 이러한 이념과 공정성 및 투명성에 기틀을 둔 정체성을 간직하며 지역 주민의 욕구에 걸맞은 돌봄 사업을 각기 일선 세팅에서 수행하고 있다. 이렇게 분화된 하위 조직이 다양성을 간직하며 수행하는 수다한 돌봄 활동이 종합되어 모 조직의 총체적 목적을 달성토록 하고 있다.

이러한 맥락에서 사회(외부)를 위한 외부지향적 목표와 조직 자체(내부)를 위한 내부지향적 목표를 함께 수행하게 되는 것이다. 비록 각각 하위 조직의 활동 영역과 인력이 소규모, 소수로 제한되어 있어도 제각기 본부 조직과 같은 정체성을 간직하며 공동의 2원적 목표를 수행한 것이다. 즉 2원적 목표를 하위 단위(부서)가 추구함으로써 모 조직의 종합된 2원적 목표 수행에 기여하고 있다.

인간 중시적 가치의 발현

고객이 재활해서 사회에 적응하여 생활의 질을 향상하도록 이들의 자율성과 존엄성을 받들며 인간화된 돌봄을 온정으로 제공하였다. 아울러 조직 성원을 위해 전문성을 높이고, 합당한 보상을 하며, 안정된 작업 환경을 조성하는 지지적이고 민주적이며 비관료제적인 인간화된 접근을 하였다. 이와 같이 2원적 목표의 틀에 걸맞게 두 가지 목표를 동시에 인간 중시적으로 추구, 수행하고 있음이 드러났다.

4. 조직의 다공화

다수의 조직은 성장해 나가면서 다공화 현상을 이루고 있다. 이들은, 위의 사례가 예증하듯이, 이러한 성장에 필요한 다음 요건들을 갖추고 있다.

강한 신념, 오랜 역사, 커다란 조직, 유능한 리더, 전문성을 갖춘 인력, 다양한 유형의 돌봄 서비스, 재정적 자원, 커뮤니케이션 네트워크, 성원들의 업무 달성 의욕, 다문화 적응 능력, 안정된 환경 등은 다공화된 조직 행정에 필요한 요건들이다.

이러한 요건을 갖추어 다양한 돌봄을 여러 지역, 여러 문화, 여러 나라, 여러 세팅에서 여러 제공자가 여러 고객에게 다양성을 갖추어 전달하고 있다. 즉 아래와 같이 다공화(多公化)되고 있는 것이다. [참조: 그림 4-1, 4-2]

다변화된 돌봄 목표
다수 지역, 나라, 문화(소문화)
다수 돌봄 세팅
다수 작업 부서
다양한 유형의 돌봄 프로그램
다수 돌봄 제공자
다변화된 커뮤니케이션
다수 고객(뭇사람, 公)

다공화된 사회복지조직

위와 같이 다공화된 선명회와 어린이재단은 기독교적 이념과 공신력 있는 정체성을 기틀로 외부지향적 돌봄 사업을 국내외에서 실행하며, 내부지향적 사업으로 요원의 전문성 향상, 안정된 근무 환경 조성, 유연성 함양, 화합 증진, 고충 처리, 갈등 해소 등을 행하고 있다. 이상과 같이 두 조직은 2원적 목표를 수행하며 종교적 믿음으로 인간 중시적 돌봄 사업을 역사성, 투명성, 전문성, 국제성, 공평성, 다양성을 갖추어 실행하고 있다.

소규모로 다공화된 중화노인복지관과 강남시니어클럽은 오랜 역사를 가진 자광재단의 인간 중시적 실천 이념에 바탕을 두고 공익성, 투명성, 공평성, 전문성으로 이루어진 정체성을 간직하며 운영되고 있다. 고령자의 일상 생활의 질을 높이기 위한 다양한 돌봄 서비스를 마땅한 대우를 받는 요원들이 제공하고 있다. 외부지향적인 돌봄 사업을 증설, 다양화하여 제공하며 내부지향적인 업무 관리, 전문성 향상, 화합 증진, 유관 기관 교류 등을 하고 있다. 이 시설들은 저소득 고령자에게 매우 긴요한 다양한 인간화된 돌봄을 제공함으로써 사회적 위상을 높여 가고 있다.

다시 말해서 수다하게 분리된 세팅에서 종사하는 수다한 성원의 다양한 돌봄 활동을 발전된 커뮤니케이션을 통해 연계, 규합하여 조직의 종합적 업적을 이루고 있다. 앞서 거론한 교향악단의 다음화 현상과 유사한 실황이 이 4개 사례에서 일어나고 있는 것이다.

이러한 다공화 현상을 이루는 조직에 대한 이해와 연구 그리고 행정과 관리를 위해서 제5장에서 논의한 조직 이론에 대한 시각과 접근을 살펴봐야 한다고 본다.

5. 돌봄 사업의 방향

다수 조직(시설)은 고객을 돌보는 데 필요한 전문 인력, 기법과 지식 및 장비를 갖추어 전문적 돌봄을 제공하고 있다. 이들은 아래와 같은 (정도의 차이는 있지만) 전문적으로 돌봄을 제공한다.

* 기술 중심적 돌봄(사회 심리적, 행동 교정적, 보건적 및 환경 조작적 기법을 적용하는 상담, 교정, 재활, 예방, 간호, 요양 등)
* 돌봄 기준에 따른 타율적인 돌봄(정해진 규칙, 기준, 지시를 따라 제공)
* 한정된 인력 및 자원으로 다수 고객을 돌봄

이러한 속성을 지닌 돌봄은 긴요하기는 하지만, 인간적 정을 바람직하게 섞지 않는 경우가 흔히 발생한다. 돌봄의 경제성을 과도하게 중시하기 때문인 것으로 보인다.

돌봄에 대한 수용성

조직이 제공하는 다공화된 돌봄을 고객과 사회가 수용하는 데 대한 경험적 자료는 입수하기 어렵다. 대체로 조직의 사비밀에 관한 것이기 때문이다. 그러나 이들이 제공하는 돌봄을 사회가 받아들이는 수용성(受容性 acceptability)의 정도는 다음 사항을 미루어 개략적으로 추정할 수 있다. 즉 위에 논술한 대규모 시설과 소규모 시설이 공통적으로 갖추고 있는 아래와 같은 요건들이다.

* 정부의 공인된 사회복지조직이다.
* 공익을 추구하는 개인, 집단, 단체 및 정부 기관이 지원하고 있다.
* 사회적 위상과 공신력이 높다.
* 오랫동안 운영되고 있다.
* 전문성을 간직한 인력이 운영한다.
* 인간 중시적 돌봄 사업을 실행한다.
* 돌봄을 받는 고객이 늘고 있다.
* 감독·지원 기관의 표창과 포상을 받고 있다.

6. 효과적 운영을 위한 중단 없는 노력

　사회의 보편성 있는 가치가 조직을 운영하는 방향과 방법을 선택하는 데 지렛대 역할을 하게 됨이 분명하다. 인간 중시적 가치는 우리 사회에서 바로 이러한 역할을 하는 강력한 문화적 힘이 되고 있다. 이 책에서 다룬 효과성을 지향하는 조직의 우선적 과제는 돌봄을 고객에게 인간 중시적으로 제공함과 아울러 조직 성원에게도 인간 중시적 대우를 하는 것이다. 사람 봉사 조직은 고객은 물론 돌봄을 제공하는 성원에게도 이러한 인간화된 대우를 해야 한다.

　퇴계가 역설한 인간애와 인간 존중을 바탕으로 어질고 너그러운 가치를 나와 다른 사람을 위해 발현하는 것이다. 이 가치는 또한 조직 연구자들이 장기간 조사를 통해 밝혀낸 바와 같이 민주주의 사회의 사람 봉사조직이 발현해야 할 요건인 것이다.

다행히 이 책에서 다루어진 다공화된 시설의 사례에서는 이러한 가치에 준하여 두 가지 목표가 인간 중시적으로 추구되는 실황이 드러났다. 이런 바람직한 조직 운영을 엔지니어링한 행정적 요건을 간추려 보면 다음과 같다.

인간 중시적인 운영 이념 및 정체성, 우수한 리더십, 원숙한 감독자, 전문성을 갖춘 성원, 돌봄 프로그램의 기획-운영-평가-개선, 합당한 보상과 대우, 운영 자원 확보, 변화에 대처하는 유연성, 다문화 적응 능력, 관료제 속성의 축소, 발전된 커뮤니케이션 네트워크 등을 갖추어 고객과 조직 성원을 인간 중시적으로 돌보고 대우한 것이다. 효과적인 조직 운영이란 위와 같은 상호 연계된 다양한 요건들을 갖추어 조직 목표를 지향하는 노력을 중단 없이 진행하는 과정이라고 본다.

안정된 행로

복지 국가가 안정되게 발전하기 위해서는 다수 사람들이 보편적으로 받드는 가치에 이념적 기틀을 두어야 한다. 우리는 우리가 이어받은 보편성 있는 전통적 가치를 창의적으로 재해석하여 새 시대의 사회복지를 증진할 가능성이 있는 가치로 정립하는 노력이 필요하다.

이러한 노력을 함에 있어 퇴계 사상의 중심인 경(敬)을 이룩하는 요건으로 제시된 "참되고 건전한 윤리적 인간 사회를 이룩하는 데 요구되는 자율적인 공동체 의식"을 발현해 나가야 하겠다. 역사적으로 발전한 사회는 어김없이 지난날의 역사에서 진리를 찾고 교훈을 얻어내어 새로운 목표를 추구해 나간 것으로 안다.

부록

한국인의 성향과 사회복지 돌봄

사회복지조직체를 세팅으로 전달하는 돌봄은 우리의 문화적 속성과 어떤 관련성이 있는가 탐사해 볼 필요가 있다. 이러한 필요성을 감안하여 우선적으로 취할 방법은 보편화되어 있는 한국인의 고유한 문화적 특성을 재조명, 제고하는 것이라고 본다.

한국인에게 제공되는 돌봄 서비스는 서구적인 것과 다른 형태로 전달돼야 한다는 인식이 자리 잡고 있다. 그래서 한국인의 속성에 대한 이해를 바탕으로 한국인에게 보다 더 알맞은 사회복지 돌봄을 개발해 나가는 작업이 필요하다고 본다. 이렇게 함으로써 한국인에게 돌봄을 보다 더 인간 중시적으로 제공할 수 있다고 본다.

한국인의 성향에 대한 제고

한국 문화적 맥락에서 사회복지조직체의 관리자와 돌봄 서비스 요원이 고려해야 할 요건으로서 '한국인의 성향'을 들 수 있다. 한국인이 공통적으로 간직하는 성향은 우리의 문화적 가치와 관습을 반영한다. 가치는 사람들의 생각과 행동을 선택하도록 인도하고 옳고 그른 것을 분별하는 지렛대 역할을 한다(Manheim & Simon, 1977).

연구자들은 한국인의 성향으로 여러 항목을 거론하고 있다(김태환, 1982; 문용린 외, 2008; 손인수, 1992; 송성자, 1997; 신용하, 2004; 엄예선, 1994; 유민봉, 심형인, 2013; 이문태, 1998; 이부영, 1983; 임태섭, 1994; 장성숙, 2000; 장현숙, 옥선화, 2015; 최상진, 2012; 최영실 외, 2015; 최재석, 1983; Triandis(1994).

이들이 지적한 한국인의 성향을 지적 빈도, 공통성 및 함의의 중첩을 감안하여 다음과 같이 간추려 보았다.

한국인의 성향

* 가족 중심 성향
* 관계 중심 성향
* 상호 의존 성향
* 집단 중시 성향
* 화합 중시 성향
* 체면 중시 성향
* 겸손 중시 성향

위의 각 성향이 돌봄 서비스를 제공하는 데 미치는 영향에 대한 경험적 조사 자료가 희소한 실정이다. 다음에 이 성향에 대해서 논의하고 아울러 사회복지사가 사회복지조직체 세팅에서 돌봄 서비스를 제공하는 데 있어 유의해야 한다고 생각하는 사항들을 살펴보고자 한다.

1. 가족 중심적 성향

자체 돌봄 기능이 약화된 가족이 많아짐에 따라 이 기능을 사회복지조직체가 대신 행하는 사례가 많아지고 있다.

가족원 간 서로 존중하며 사랑하는 도리, 나아가 이웃으로 뻗어나가는 이타적 덕행이 가족에서 시작하는 것이다. 가족 중심적 가치는 가족에 대한 애착 내지 관심이 강하며 가족의 번영, 명예, 영속을 소중히 여긴다(최상진, 2012: 15). 가족법의 개정, 핵가족화의 심화, 저출산, 고령화, 통신교통수단의 발달은 가족 생활에 큰 영향을 미쳤다.

하지만 제도로서의 가족에 대한 인식이나 가치관의 측면에서는 아직도 전통적인 색채를 유지하는 경향이 짙다(한상진, 2006). 대다수 가족은 가족 중심적 가치관과 생활 태도를 여전히 공유하고 있다. 젊은 세대도 가족에 대한 태도나 관계 측면에서 전통적 가족가치관의 존재를 인증하고 있다(최영실 외, 2015: 39~40; 한경혜, 성미애, 진미정, 2014: 93).

대다수 한국 가족은 떨어져 살면서도 친밀한 관계를 유지하며 서로를 돌보고 있다. 부모의 핵가족, 아들의 핵가족, 딸의 핵가족, 손자녀의 핵가족이 서로 연계되어 가족망을 이루고, 이 망 안에서 서로를 돌보아 나간다. 부자, 부부, 형제자매 관계는 강하여서 이들은 기초적 욕구를 충족하기 위해 서로 의존하며 돌보아 나간다.

가족 중심적 생활을 하기 때문에 가족 내 '우리'의 소문화(小文化)를 생성한다. 이 소문화 속에서 가족 나름대로의 가치와 위계질서가 이루어진다. '나'가 속한 가족은 이러한 '우리'를 이루는 공동체와 연계되어 있다. 즉 '우리' 경계 내에서 사회적 관계 망을 형성한다(한상진, 2006). '나'와 '우리'라는 말이 흔히 같은 뜻으로 사용된다(김낙진, 2004: 63; Roland, 1989: 63). 유교는 '우리'를 '천하'라는 단위로까지 확대하고 있다. 그리하여 사람들이 서로를 돌보아야 할 책임의 대상이 가족-사회-국가의 차원으로 확장된다. 이렇게 사회와 연계된 맥락에서 개인과 가족은 배타적 이익을 추구하는 대신 사회의 성원임을 염두에 두고 서로 돌보는 공동체를 이루어 나간다.

동아시아 가족과 서구 가족과 한 가지 현저한 차이는 서구 가족이 아동의 독립을 강조하는 데 있다. 이렇게 어린이 때부터 독립을 강조하는 것은 깊은 정서적 밀착과 의존감을 배양하는 데 초점을 두는 한국을 포함한 동아시아 가족과 대조된다(Roland, 1989; Pedersen, 1983).

이렇게 자라난 한국 아이들은 서양 아이들에 비해 개인적인 자아감이 약하다. 그렇지만 이들은 밀접한 정서적 관계망 안에서 자라나, 이 망 속에서 가족적 자아(家族的 自我)를 간직하게 된다. 가족적 자아는 가족원들과 밀접한 관계를 가진 자아다. 서양에서는 이런 자아를 가진 사람들이 드물다(Roland, 1989). 어린이도 가족적 자아를 가짐으로써 자신에게 수치스러운 것은 곧 가족에게도 수치가 된다고 생각하기 시작한다. 그럼으로써 가족적 자아는 어린이에게 착한 행동을 하도록 영향력을 행사한다. 이 가족적 자아는 가족의 우두머리를 중심으로 하는 위계적 관계 속에서 잘 기능하도록 하는 심리적 조직이다(Roland, 1989: 7).

유의할 점

돌봄 서비스를 제공하는 사회복지사(이하 '개입자'라 함)는 돌봄 서비스를 받는 사람(이하 '고객'이라 함)의 가족 중심적 성향을 이해해야 한다. 이 성향을 고려하여 개입 목표를 가족 중심적으로 설정하면 개입이 더 쉽게 진행될 수 있다. 가족원들의 서로에 대한 책임과 돌봄을 강조함으로써 개입을 효과적으로 이루어 나갈 수 있다(엄예선, 1994; 송성자, 1997).

사회복지조직체가 접수하는 고객 하나하나를 개별적으로 다루어야 하지만, 각 고객이 우리를 이루는 가족과 끊을 수 없이 연결된 사람임을 인식해야 한다. 즉 고객의 개인적 목표를 생각해야 하지만 고객이 속하는 가족의 다른 성원들의 목표도 고려해야 한다. 주요 관심의 대상을 가족 전체로 해야 한다. 전체 가족의 위상을 존중하면서 가족의 구조와 소통 체계를 고려해야 한다(Gambrill, 1983).

사회복지 돌봄 제공자가 원하는 변화는 고객 개인의 태도, 느낌, 감정 및 행동이 긍정적으로 변하고, 그가 처해 있는 환경의 어떤 특성이 효과적으로 바뀌는 것이다. 그리고는 가족 체계 전체의 변화를 이루는 것이다. 즉 가족 체계 내 소문화 속의 개인의 가치관, 상호 관계, 소통 형태, 권력 구조 및 의사 결정 과정을 바꾸는 것이 개입의 목적이다(Simmel, 2008).

대개의 경우 가족은 부모 또는 형과 누이를 우두머리로 하는 위계 체계를 이루고 있다. 이 위계 체계 내 가부장 또는 우두머리의 권위를 존중해야 한다. 그에게 다른 가족원보다 위의 자리를 주고, 먼저 말할 기회를 주고, 존댓말을 사용해야 한다. 이렇게 하여 그의 체면을 세워줘야 한다. 그의 체면이 손상되면 가족 전체의 협조를 얻기가 어렵다. 우선 우두머리인 그가 돌봄 서비스를 받지 않으려 한다. 그의 권위가 가족에게 해가 되는 경우에는 이를 조심스럽게 수정해 나가도록 한다. 개입이 끝나면 그 가족은 나름대로의 체면과 품위를 갖춘 하나의 가부장 또는 우두머리 중심의 소집단 체계로서 존속해 나아가는 것이다. 이러한 가족적 성향을 고려하여 가족원들과의 교환적 맥락에서 개입이 이루어지도록 해야 한다.

개인의 목표를 고려하지만 가족 전체의 '우리'의 목표도 병행해서 고려해야 한다. 즉, 개인의 목표 달성이 가족 전체의 변화와 긴밀히 연계되어 이뤄지도록 하는 것이다. 가족은 외면적으로 나타나지 않는 힘이 있다. 즉 부부, 자녀 등 친족을 친밀하게 결합하는 애정, 존중 및 측은지심, 그리고 가족의 명예와 위신을 존중하여 사회적으로 올바른 일을 하려는 욕구는 돌봄 서비스를 하는 데 도움이 될 수 있는 숨은 힘이며 자원이다. 이 힘의 역동적인 작용을 조심스럽게 파악해서 고객의 변화를 위해 활용해야 한다.

2. 관계 중심적 성향

우리의 가족 중심적 문화에서는 정서적으로 상호 의존하는 경향이 짙다. 다른 사람에 대한 감정 이입과 수용적 태도를 함양하게 되며, 사회적 맥락에서 상호 관계적인 느낌을 갖는 '우리자아'를 가지게 된다(김낙진, 2004: 63~64; Roland, 1989).

'우리자아'는 가족과 집단의 명예와 강하게 동일시하는 데서 생기는 자아 존중을 의미하고, 문화적으로 권장하는 경로(敬老)와 세대 간 돌봄 의무에서 연유하며, 다양한 위계적 관계 속에서 사회적 예의를 지키는 데서 생긴다(Roland, 1989; 엄예선, 1994). 유교 문화의 사회적 관계를 강조하는 가치다.

모든 물(物)의 본성은 타물(他物)의 쓸모가 됨에 그 본질적 내용이 있다(Tu, 1995). 타물에 쓰임이 됨은 타물의 삶에 기여한다는 것이다. 따라서 모든 물은 타물을 떠나 자기를 실현하기 어렵다. 타자에 대한 기여를 통해 자기의 존재 의의와 완성을 찾아야 하는 것이다(도성달, 2012: 127; 『성학십도』, 인설).

우리는 인간 존재의 모든 차원에서 언제나 이와 같이 확대되는 '우리' 관계망 속에서 상호 연결돼 있다(엄예선, 1994; 송성자, 1997).

유의할 점

개입자는 상호 의존적이고 강한 응집력으로 결속된 가족의 일원인 고객을 위와 같은 '우리'를 이루는 가족 중심 관계망 속에 존재하는 개인으로 보아야 한다. 우리의 일원으로서 우리의 공통적인 의견을 존중하고 우리의 이득에 위배되는 것은 하지 않으려는 성향을 가진다. 접수한 고객의 이런 성향을 이해하고 존중해야 한다.

고객을 둘러싼 가족 중심 관계망을 염두에 두고, 그의 상호 의존적 망을 이루는 가족, 친척, 이웃, 친구, 직장, 사회 단체 등을 식별하고, 고객과 이들과의 서로 돌보는 관계를 파악해야 한다(성규탁, 1990). 구체적으로 관계망의 크기, 접촉 빈도, 관계 유지 기간, 친밀성, 받고 있는 도움 등을 알아두고, 개입 과정에서 서로 돌보는 관계망을 최대한으로 활용해야 한다. 특히 이들이 가진 다양한 정

서적 및 물질적 자원을 고객을 위해서 활용할 가능성을 점검해야
한다.

3. 상호 의존적 성향

어려서부터 밀접한 인간 관계가 진행되는 가족 중심적 사회망 속
에서 성장한 한국인은 서로 의존하는 생활 방식과 행동 양식에 길
들여 있다(김낙진, 2004: 150; 송성자, 1997).

동아시아문화에서는 서로 의존하면서 돌보는 생활 방식을 유지
하는 경향이 현저함을 연구자들은 지적하였다(최상진, 2012; Tu,
1995; 송성자, 1997; 엄예선, 1987; Roland, 1988). 예를 들어 의존
적 관계에 대해 현대 신유학의 석학 두웨이밍은 다음과 같이 말하
였다(Tu, 1995).

"나 한 사람은 나를 둘러싸고 있는 사람들이 나에 대해 동정심을
가지고 나의 존재를 인정해 줌으로써 비로소 나 자신을 실현할 수
있다."

한국인도 개인주의적 자기 지향보다는 가족을 포함한 집단에 속
하면서 '우리' 의식을 품고 다른 사람들과 상호 의존하면서 나를
실현하는 경향이 짙다(엄예선, 1987; 신용하, 2004). 서로 의존하는
관계는 부모와 자녀 간 생애 주기에 따라 진행되는 돌봄 과정을 보
면 알 수 있다. 우리 문화에서는 어린이들은 유치원에 들어갈 나이

가 되어도 어머니와 같은 방에서 함께 자는 경우가 많다. 어린이는 어머니에게 완전히 의존하면서 자라난다. 이렇게 자라난 아이는 성인이 되어도 부모에게 의존하게 되고 또 노부모의 의존을 받아들이는 성향을 지니게 된다.

대다수 부모는 노령기에 들어 건강을 잃고, 소득이 없어지고, 배우자가 사망하고, 친구들이 세상을 떠남에 따라 성인 자녀에게, 흔히 본의 아니게, 의존하는 처지에 놓이게 된다. 즉, 자녀의 의존을 받아주는 관계에서 그들에게 의존하는 처지로 전환하는 것이다. 통계 자료에 의하면, 고령자의 연령이 높아져 의존성이 증가할수록 자녀와 동거하는 비율은 높아진다(65-69세 동거 23%; 70-79세 동거 33%; 80세 또는 이상 동거 42%)(권중돈, 2004: 287; 2016: 222). 이 자료가 시사하듯이 다수의 자녀는 의존적인 노부모를 수렴하고 이분들에게 돌봄을 제공하고 있다.

현재 우리나라 고령자의 대다수는 고령기에 들어 자원해서 또는 본의 아니게 자녀로부터 다소간의 정서적 및 수단적 도움을 받는다. 저자의 사회적 지원망 조사에 의하면, 고령자의 91%가 어려울 때 제일 먼저 찾는 곳이 가족이다(성규탁, 2017). 그리고 자녀와 멀리 떨어져 살던 고령자의 다수가 병약해지면 자녀와 가까운 곳으로 이전하거나 이들과 동거한다.

이러한 실상을 보아 부모와 자녀 간의 의존 관계는, 특히 고령기에 들어선 부모에게는, 자연적인 또는 부득이한 현상이라고 보지 않을 수 없다. 다만 의존하는 정도의 높고 낮음, 그 기간의 길고 짧음, 그리고 정서적 돌봄과 수단적 돌봄의 어느 것을 더 많이 또는 더 적게 필요로 하는가의 차이가 있을 따름이다. 생애주기에 따른 변동이 있기는 하나 부모와 자녀는 이와 같이 돌봄을 주고받는 상호 의존 관계를 지속한다.

그리하여 고령의 부모(조부모도 물론)가 일단 돌봄이 필요하게 되면 제일 먼저 (손)자녀를 찾아 돌봄의 손길을 기대하게 된다. 사회적 지원망에 대한 저자의 조사에서도 이와 같은 결과가 나왔다(성규탁, 2016). 자녀의 핵가족과 부모의 핵가족이 사회적 망을 이루어 상호 의존하면서 서로 돌보아 나가는 것이다.

신용하 교수(1996, 2004)는 이런 부모 자녀가 서로 돌보는 관습을 세계적으로 자랑할 수 있는 우리의 문화적 자산이라고 했다. 가족 주변의 사정이 변하고 개개 가족의 생활 형편, 자조(自助) 능력, 응집력이 다르기는 하지만, 한국 가족의 공통점은 가족원들 사이에 위와 같은 상호 의존하면서 서로 돌봄 관계가 지속되고 있으며, 서로의 안녕과 가족의 번영에 대한 책임을 나누어 가지는 성향이 이어지고 있다(최재석, 2009). 최재석 교수는 한국가족연구에서 위와 같은 특성이 소멸되었다는 증거는 나오지 않고 오히려 전통적인 가족 가치가 남아 있다고 했다.

유의할 점

개입자는 위와 같은 고객의 의존적 성향을 염두에 두고 돌봄 서비스를 전달해야 한다. 다수 고객은 윗사람은 아랫사람을 돌보아야 하고, 아랫사람은 윗사람에게 의존하며 돌보아 주기를 기대하는 사고 방식을 가진다. 따라서 고객(내담자)이 개입자(사회복지사)에게 의존하는 것은 윗자리에 있는 (전문가로서의 사회적 지위를 가진) 개입자가 이러한 의존적 태도를 받아들이고 그를 돌보아 주는 것이

그러한 기대에 순응하는 것이라고 본다.

고객은 위와 같이 개입자를 보호자, 돌봄을 베푸는 윗사람, 가르쳐 주는 교육자, 문제를 해결해 주는 전문가로 생각하면서 의존적인 자세를 취하게 된다. 즉 이러한 역할을 개입자가 해 줄 것을 기대하는 것이다.

개입자는 고객의 이러한 의존적 성향을 염두에 두고, 개입의 전 과정을 통하여 고객과 그의 가족을 포함한 주변 사람들과의 의존적인 관계를 저울질하면서 이런 관계가 고객에게 긍정적인 효과를 발생하도록 기획해 나갈 필요가 있다. 고객의 가족원과의 의존적 관계를 살펴보면서 가능한 한 서로 돌보는 상호 의존적 관계를 촉진하는 접근을 할 필요가 있다. 이렇게 함으로써 사회복지조직체가 고객과 가족이 돌봄을 주고받는 긍정적인 상호 의존 관계를 촉진하는 매개 역할을 할 수 있다. 이런 노력을 하는 데 필수적인 조건은 퇴계가 모든 인간 관계에서 이루어져야 함을 되풀이해서 강조한 '사랑'과 '존중'이다.

4. 집단지향적 성향

한국을 포함한 동아시아 나라에서는 유교의 영향 아래서 이루어진 집단주의적 가치관이 지배적이라고 보고 있다. 이들 나라를 서구와 대치되는 집합주의(集合主義) 문화권에 속한다고 본다(최상진, 2012: 99; Triandis, 1994; Roland, 1989).

하지만 지난 반세기에 일어난 사회 변화는 집단보다는 개인의 욕구와 개성을 중요시하는 개인 중심적 가치관으로 기울어지고 있다고 본다(장희숙, 박영자, 2015: 36).

그러나 집단주의적 성향은 한국의 사회 구조 속 깊이 스며들어 한국인의 생활현장에서 쉽게 가시지 않는 것으로 보인다. 연령층이 높은 사람들일수록 집단지향적 성향이 짙다(최연실 외, 2015: 93). 유교 문화의 집단은 개인끼리 모여서 상호 협력하여 예의를 지키면서 사랑과 존중으로 상호 화합을 이루어 사회 생활을 하는 무리다. 자신이 소속된 집단과 조화와 협동을 높이며 개인을 집단의 일부로 생각한다. 집단을 우선시하고 개인성의 표출을 억제하며 집단과 조화를 이루는 방향으로 개인을 조절한다. 동시에 성원 간의 서로 돌봄을 포함한 사회적 교환을 가능케 한다(한상진, 2006: 126; 정태인 외(10인), 2016: 410~448; Gambrill, 1983).

유의할 점

돌봄 서비스를 제공하는 데 있어 개개 성원의 긍정적 변화에 중심을 두어야 하지만, 개인이 속하는 가족 등 집단의 변화도 다루어야 한다. 즉 가족이라는 소집단을 하나의 체계로 다루는 것이다. 이런 체계를 구성하는 개체(개인)들은 윗사람을 중심으로 교환 관계를 이룬다. 이 상호 관계를 통해서 집단의 공통적인 목적(긍정적 변화, 바람직한 사회 관계, 서로 돌봄, 복리, 명예 등)을 추구한다(정태인 외, 2016: 410~448).

가족은 가문에 독특한 전통 및 소문화를 가지는 한편, 사회 전체가 가지는 공통적 이념과 가치관도 간직한다. 사회복지조직체가 지역사회의 복지 활동을 설계하는 데 있어 그 안의 가족을 포함한 집단의 특성과 욕구를 판정하는 일은 매우 긴요하다. 전통적 한국 가족(소집단)에서는 부자 관계가 중심이 되어 있다. 핵가족화됨에 따라 부모의 핵가족과 자녀의 핵가족이 떨어져 살고 있지만, 느슨하나마 가족 망을 이루어 그 속에서 부자(父子) 중심적 전통이 이어지고 있다. 이는 철저하게 부부 관계 중심적인 서양 사회와 차이가 있는 것이다.

다수 한국인의 의식 구조와 행동 양식이 아직도 가족(집단) 중심적이며, 이런 성향이 일상 생활에 반영되고 있다. 이 성향은 변하고 있다지만, 여전히 다수 가족의 생각과 행동을 조정하고 있는 것으로 보인다. 이런 집단지향적 맥락에서는 개인은 자유로이 독자적 의사를 표시하기를 꺼려하거나 양보하는 경향이 있다. 개인은 집단의 화합을 위하여 집단의 가치와 기대를 따르는 것이다. 집단 성원 간에 조화와 화합을 중요시하기 때문이다.

조직 세팅에서 말할 때나 행동할 때 집단 내 다른 사람들을 항상 의식한다. 집단성원과의 합의를 중요시하고 불합의를 피하려 한다. 그룹의 의사를 따르는 것이다. 다른 성원들이 그렇기 때문에 나도 그런다는 식이다. 그래서 모든 성원이 일치하는 의사 결정을 지향하게 된다(Garvin & Tropman, 1997).

돌봄 서비스를 제공하는 데 있어 집단 성원 개개인이 가진 자원과 집단 전체가 가진 자원을 합쳐 활용할 필요가 있다. 즉 고객의 개인적 능력, 지식, 기능 및 재력은 물론 그가 속하는 집단의 자원을 고객의 변화를 위해 활용하는 것이다.

사회복지조직체가 적용하는 사례 관리의 주 목적은 바로 고객 주변의 다양한 자원을 고객의 긍정적 변화를 위해 최대한 활용하는데 있다. 따라서 개입 단계부터 고객에게 도움이 될 수 있는 집단 안팎의 각종 자원을 파악해 나가야 한다. 아울러 고객이 집단을 맥락으로 스스로 문제를 해결하는 능력을 향상하도록 지혜와 자신감을 북돋워 주어야 한다.

집단 내 성원들은 다양하고 서로 다른 의견을 제시한다. 이런 갈등을 야기할 수 있는 문제를 타협과 조정을 통해 해소하여 화합을 이룩하도록 이끌어야 한다. 집단 활동에 적응하지 못하는 고객에게는 존중과 사랑으로 집단 개입과 다른 돌봄 방법을 적용해 주어야 한다.

위의 논의를 간추리면, 개입자는 개입을 하는 데 있어 고객을 소속 집단 안의 다른 사람들과 서로 엉켜 있는 주체이며, 그는 '우리'에 속하는 '가족적 자아'임을 명심해야 한다. 이러한 고객은 소속된 집단을 의식하여 스스로 자기 결정을 내리기 어렵게 생각하며 사회복지사의 뜻과 의견을 수렴해서 자기의 일을 결정하려는 성향을 가진다. 개입자가 깊이 생각해야 할 성향이다.

5. 화합 중시 성향

유교 사회의 중요한 가치 중 하나는 상이한 것들이 공존하면서 조화로운 관계를 이루는 것이다. 사회적 배경을 달리하는 여러 사람이 서로 존중하고 사랑하면서 화합을 이루어 공존하는 관계다.

이렇게 같지 않은 사람들이 조화를 이루게 하는 한 가지 중요한 힘은 다름 아닌 인(仁)을 발현하는 방법인 서(恕)를 행하는 것이다. 즉 내가 서고자 하는 데 남을 세우고, 내가 원치 않는 것은 남에게 하지 않는 가치다.

퇴계가 『성학십도』의 인설에서 논급한 바 서를 실현하는 것은 가족원과 이웃사람이 사랑과 존중으로 친근하게 화합을 이루려는 노력이라고 본다(금장태, 2001: 228-229). 즉 '나'의 이기심을 이기고 남과 함께 어울리기 위해 사(私)를 깨뜨리고 공(公)을 포용하여 조화를 이루는 윤리적 가치다(금장태, 2001: 192). 우리의 문화적 맥락에서는 기본적인 인성 구조가 개인주의적이기보다는 타인과의 관계를 지향하는 것이다. 그래서 상호 의존하는 관계를 인성(人性) 발달의 이상적인 조건으로 보고 있다(Pedersen, 1983: 537-582; Simmel, 2008).

한국인은 긴밀하고 응집력 있는 이런 관계를 유지하는 성향을 간직한다. 개개 성원들은 전체 가족의 기능 속에서 행동하며 그의 행동은 곧 다른 성원에게 영향을 미친다. 이러한 체계에서는 자연 사람들 사이의 화합을 강조하게 된다.

가족의 경우 부모 중심으로 통합된 가족을 이루고, 가족원들 간의 친밀한 대화와 교환이 이루어져 하나의 화합된 단일체를 이루어 나가며, 개인의 이득보다 가족 공동체의 이득을 중요시하면서 조화로운 관계를 지향한다.

이러한 관계가 이루어지는 체계에서는 화합을 하는 자에게는 칭찬과 보상이 주어지고 그렇지 않은 자에게는 질책과 벌이 주어진다. 그리고 개인적 발언은 자제하게 된다. 진실을 말하기보다 조화가 더 중요하기 때문에 개인의 일을 솔직하게 이야기하지 않는다.
심지어 개인의 감정, 비애, 고통까지도 토로하지 않고 참는 경우가
많다. 토로하더라도 간접적으로 표현하는 경우가 많다. 입장이 곤
란하거나 당황할 때는 웃음으로 넘긴다. 이런 행동은 모두가 나의
개인적 욕구를 억제하며 다른 사람과의 조화로운 관계를 이루기 위
해서 하는 것이다(송성자, 1997; 엄예선, 1994).

유의할 점

개입자는 위와 같은 화합 중시적 성향을 고려하여 고객과의 대화
의 내용을 조심스럽게 분석해 나가야 한다.

고객은 흔히 개입자가 자기의 문제를 가려내어 설명해 주기를 바
란다. 그래서 간접적으로 표현한다. 몸짓, 눈 접촉, 말소리의 고저,
침묵 등으로 의사 표시를 한다. 이런 간접적 표현을 실제 말과 같
이 중요하게 다루어야 한다. 뿐만 아니라 다음에 논할 겸손과 체면
까지 작용하여 대화를 통해 개인의 진실을 파악하기가 어려워진다.

이러한 관습은 흔히 가족 또는 내가 속하는 '우리'와 조화를 이
루고자 하는 문화적 관습 때문에 일어나는 것이다(Roland, 1989).
이 때문에 화합이 가져오는 긍정적인 면과 부정적인 면을 다 같이
식별하는 노력이 필요하다. 이런 점을 감안하여 개입자는 다음 사
항에 유의할 필요가 있다.

* 전문직 개입자의 권위를 지키면서 개입자로서의 역할을 수행
  할 것
* 고객에게 그가 할 일을 자세히 설명해 줄 것

* 참고 시간을 주면서 고객의 반응을 기다릴 것
* 고객의 비언어적 표현(눈짓, 손짓, 몸 움직임, 말소리의 높고 낮음 등)을 관찰할 것
* 타협을 통해 합의에 이를 것

6. 체면 중시 성향

한국인이야말로 전 세계에서 체면치례를 가장 중요시하는 사람들이라고 한다(최상진, 2012; 임태섭, 1994). 체면치례는 다른 사람에게 바람직하다고 인정을 받고자 하는 심리적 작용이다(김태환, 1982; 최상진, 1992). 체면은 양방향적이다. 나의 체면도 지키지만, 다른 사람의 체면도 지켜 준다(Ting-Toomey et al, 1991).

우리는 외형과 실질을 연관시켜 생각하는 성향이 있다. 좋은 자동차와 고급아파트, 좋은 학벌과 경력, 남에게 도움을 줄 수 있는 여유와 실력은 모두 체면을 세우는 요인이 된다. 사회 관계에서는 예의를 지키고, 신뢰성 있게 행동하고, 언행을 진실하게 하고, 경우 바르게 행동해서 품위를 세우는 것도 체면을 유지하기 위한 방편이다(최상진, 유성엽, 1992; 임태섭, 1994).

체면 연구가 P. Brown과 S. Levinson(1987)이 말한 대로 체면이란 성숙한 인간이 갖는 기본 욕구로서 남들에게 무시당하지 않으면서 자신의 위치를 인정받으려는 소망이다. 체면을 차린다는 것은 이와 같은 나에 대한 다른 사람들의 평가를 높여 보겠다는 심정으로 행동하는 것이다. 체면차림은 남에 의한 자기 평가가 중요시되

는 우리 문화에서 개인의 삶을 유지하는 하나의 방편이라고도 할 수 있다(송성자, 1997). 체면은 수치감 및 분노와 연계되어 있다. 심리학자 B. Lewis(2005)는 수치감은 체면을 지키지 못할 때 생기는 심리적 현상이며, 수치감을 해결하지 못하면 분노를 발생하게 된다고 했다.

유의할 점

개입자는 돌봄 서비스를 받는 고객의 체면 문제를 이해해야 한다. 고객의 경우도 체면이 깎이는 수치스러운 일은 하지 않으려 한다. 그도 역시 체면을 인품을 유지하기 위한 덕목으로 보기 때문이다.

개입 과정에서 특히 중요한 시점이 고객을 처음 면접할 때다. 사회복지사가 대하는 고객 중 다수는 생활이 어려워 의복과 몸치장에 돈을 못 쓰고, 그나마 입은 것이라도 단정하게 보여 품위를 갖추려고 애쓴다. 뿐만 아니라 자신과 가족의 어려움에 대한 속 이야기를 털어놓지 않으려고 한다. 그럼으로써 체면을 지키려는 것이다.

개입자는 모름지기 헐벗고, 몸에서 냄새가 나는 고객을 대할 때나 손에 보석 반지를 끼고 향수 냄새를 품기는 고객을 대할 때나, 똑같이 존중하고 사랑하는 심정과 측은지심으로 대해야 한다. 고객을 한 인격자요 소중한 동포로 대하고, 고령의 고객에게는 인사와 존댓말을 하고, 가부장인 그의 체면을 세워주어, 그가 수치감을 아니 가지도록 해야 한다.

가족을 상담하는 경우 가족 전원 또는 부부가 함께 클리닉에 나오는 경우가 매우 드물다. 집안일을 노출하는 것이 수치스러워서 가부장인 남편이 부인과 함께 클리닉에 나타나지 못하는 것이다.

체면이 문제가 되기 때문이다. 이런 관행 때문에 한국에서 가족을 위한 서비스 세션이 치료자의 계획대로 이루어지지 못하는 사례가 허다하다.

E. Erikson(1993)이 말한 대로 고객의 수치심을 극복하고 체면 문제를 이겨내는 힘을 갖추기 위해서 그의 의지력을 북돋워 주어야 한다. 그가 옳다고 믿는 것에 대해서는 자신감을 가지고 말하도록 힘과 용기를 갖도록 하는 것이다. 일단 고객을 면접하게 되면 그 고객이 개입/치료 절차에 계속 참여하도록 이끌어 나가야 한다.

고객은 참여하는 과정에서 저항하는 경우가 있다(Garvin & Tropman, 1997: 117-119). 저항이라 하면 개입자가 제시한 요건을 옳게 지키지 않거나, 그가 해야 할 과제에 대해 솔직하게 말하지 않거나, 합의한 임무를 수행하지 않는 등의 문제를 일으키는 것이다. 이 중에서도 솔직하게 대화하지 않는 것이 큰 문제다. 이 문제는 개입자가 설정한 개입/치료 목표를 달성하는 데 커다란 지장을 초래한다. 요는 고객이 개입자와 개입에 도움이 되도록 솔직하게 대화(말)를 해나가야 한다.

고객은 흔히 질문을 받고 자기방어를 하면서 참말을 하지 않거나 말할 주제에 대해 간략히 줄여 말해버리는 수가 있다. 사실은 매일 술을 마시는데 가끔 마신다고 한다든지, 매일 아내하고 다투는데 가끔 다툰다는 식의 답변을 하는 경우다. 이런 부정확하고 불충분한 정보를 전달하는 것이 체면 때문인 경우가 많다. 이런 식으로 제공하는 정보를 바탕으로 고객에 대한 확실한 판단을 할 수 없다. 개입자는 진단 과정에서 고객의 사정을 추리하는 경우가 많다. 신뢰할 수 없는 정보를 바탕으로 합리적 추리를 할 수 없으며, 추리를 한다 해도 일반화할 수 없다. 정보가 부정확하면 고객의 문제를 예측할 수도 없다. 요는 고객의 정상에 관한 정확한 정보를 가져야만 효과성 있는 개입 계획을 세워 나갈 수 있다(Gambrill, 1983: 71-74).

고객이 독자적인 결단을 회피하고 개입자에게 결정을 맡기는 경우가 흔하다. 우리 문화에서는 자신이 스스로 옳다고 판단해서 행동하는 것보다 남을 의식해서 판단하는 경향이 짙다. 그리고 고객은 개입자 앞에서 점잔을 빼는 수가 있다. 그럼으로써 얌전하고 품위 있는 사람으로 인정받고자 하는 것이다.

이를 극복하기 위해 전술한 고객의 '의지력'과 '용기'를 북돋워 주는 노력을 할 필요가 있다. 그리고는 C. Rogers가 권유한 대로 마음을 열어 너그럽게 애정으로 그를 받아들이는 것이다. 즉 고객을 사랑과 존중으로 대해 주는 것이다.

한국인은 가족을 중시하며 '우리' 가족 의식이 강하다. 따라서 가족 전체의 체면도 고려해야 한다. 대개의 가족은 위계질서 체계를 이루고 있다. 개입자는 이 체계 내에서 가부장의 권위와 품위를 인정해 주고 그의 체면을 세워주어야 한다. 그에게 다른 가족원보다 위의 자리를 주고, 먼저 말할 기회를 주고, 존댓말을 사용해야 한다. 그의 체면이 손상되면 가족 전체의 협조를 얻어 내기 어렵다. 우선 가부장인 그가 개입에 참여하지 않게 된다. 그의 권위가 가족에게 해가 되는 경우에는 이를 조심스럽게 수정해 나가도록 한다. 개입이 끝나면 그 가족은 나름대로의 체면과 품위를 유지하는 하나의 소집단의 사회 체계로서 존속해 나아가야 한다.

7. 겸손 중시 성향

겸손을 중시하는 성향은 경양(謙讓, 남에 대한 겸손과 양보)이 미덕시되는 유교 문화권의 특성으로 해석된다(최상진, 2012: 51).

겸손은 사람을 섬기는 가치다. 겸손한 사람은 다른 사람 앞에서 오만하지 않고, 나를 낮추고, 남을 높이며, 남의 칭찬을 사양하고, 남의 의견을 기꺼이 받아들이는 이타적 언행(言行)을 한다. 이 가치는 오랜 세월 동안 한국인의 일상 생활 깊숙이 스며들어 시대가 바뀐 오늘날에도 사회 문화적 특성으로 상존하고 있다. 사회적 변동에도 불구하고 윗사람에 대한 겸손-토착문화적 심리-의 중요성이 더 해가는 경향임을 갤럽 조사는 보고하였다(나은영, 차유리, 2010).

겸손은 흔히 물(水)로 비유한다. 물은 언제나 높은 곳에서 낮은 곳으로 흘러간다. 높아지는 것은 내려가는 것을 통해서 이루어지는 것이다. 이 말은 다음과 같은 기독교 성경의 가르침을 상기시킨다.

"무릇 자기를 높이는 자는 낮아지고 자기를 낮추는 자는 높아지리라"(누가복음 14:11).

이와 같이 겸손은 자신보다 낮은 데 있는 사람을 의식하여 이들을 사랑하고 존중하는 성향이다. 다른 사람의 이익을 생각하는 이타적 마음이고 행동이다. 내가 존중을 받기보다 남을 존중하며, 나의 주장을 내세우기보다 상대방의 의견을 중시한다. 어떤 영광스러움도 자신만을 위하여 누리지 않고 모두 함께 나누어 누리고자 하는 심정이다. 이런 점에서 겸손은 서(恕)의 한 가지 표현이라고도 볼 수 있다.

겸손은 인을 표상하는 다음 말과 상통한다.

"어진 사람은 자기가 서고 싶으면 남을 세워주고, 자기가 달하고자 하는 마음이 생기면 다른 사람을 달하게 해주는 것이다. 바로 인의 올바른 방향이라고 이를 수 있다"(仁人就是自己想樹立的也幇別人樹立)(『논어』, 6, 30).

이 말은 서의 실현을 설명한 것이다. 겸손은 이와 같이 나와 관계를 가지는 다른 사람을 의식하고 배려하는 하나의 집단지향적인 습성이라고 보고 있다(유민봉, 심형인, 2013; 최상진, 유승엽, 1992).

유의할 점

개입자는 조직 세팅에서 보이는 고객의 겸손한 언행에 대한 이해는 물론, 자기 자신도 고객에게 겸손한 언행을 하도록 노력해야 한다. 고객이 겸손하여 자신에 대한 정보를 충분히 말하지 않는 데 대한 대안을 세우고, 개입 효과에 대해서도 그의 겸손으로 인하여 확실치 않은 피드백이 생기는 문제를 해결해야 하겠다.

아울러 개입 전 과정을 통해서 겸손이 미치는 영향을 조정해서 돌봄 서비스의 결과가 고객과 제공자에게 받아들여질 수 있도록 해야 한다. 겸손한 언행은 다양한 사회적 맥락에서 상대방의 체면을 세워 주고, 그에게 예의를 차리며, 그와 긍정적 관계를 위한 동기적 속성이라고 할 수 있다(김은미, 김기범, 2004).

우리 문화에서는 사람들과의 관계 속에서 조화를 이루는 데 역점을 둔다. 겸손은 더불어 사는 공동체적 삶에 조화를 이루는 가치다. 사회적 변동에도 불구하고 윗사람에 대한 배려와 겸손-토착 문화적 심리-의 중요성이 증가하는 경향이 갤럽 조사에서 분명해졌다(나은영, 차유리, 2010; 한국갤럽 Gallup Report, 2010. 12. 27, 한국인의 효).

겸손한 고객은 자기와 가족의 문제, 개입자에게 부담이 될 수 있는 문제, 남에게 부끄럽거나 체면을 손상할 문제를 과소하게 또는 축소해서 진술하는 경우가 많다.

고객의 이러한 겸손으로 인한 언행을 조심스럽게 관찰해 나가야 한다.

개입자는 맡은 바 사례에 대한 자신의 지식과 경험을 십분 고려, 검토하고, 고객에 대한 실정을 자세히 파악하기 전에는 자신의 의견이나 주장을 고객에게 내세우거나 발언하지 않아야 한다.

사람마다 자기의 사생활 및 인생관을 좌우하는 개인적 신조, 문화적 배경, 종교적 믿음을 가지고 있다. 먼저 고객의 이러한 점을 존중해야 한다. 겸손한 고객은 돌봄 제공자의 말에 순종하는 경우가 많다. 그렇지만 개입자는 권위적인 태도를 가지지 않아야 한다. 그렇지 않으면, 고객을 자기로부터 유리시키게 되고, 앞으로 돌봄을 계속하는 데 필요한 바람직한 개입자-고객 관계를 이루기 어렵게 된다. 개입자는 고객이 자기와 솔직하고 열린 대화를 하도록 이끌어야 한다. 고객이 말하는 데 힘과 자신감을 갖도록 지지해 주어야 한다.

대화를 촉진하는 첫째 요건은 고객을 존중하는 것이다. 즉, 그에게 관심을 가지고, 그를 중요시하고, 그에게 도움이 되는 것을 해주고자 하는 성의를 보이는 것이다. 그리고 그의 문제에 대해 하나하나 살펴 나간다. 고령의 고객과 대화할 때는 존경하는 말과 행동을 하면서 그에게 충분한 시간을 주어야 한다. 고령의 고객은 듣고 생각하고 응답하는 데 시간이 걸린다. 개입자는 고령자와 대화할 때는 적어도 다음과 같은 겸손한 행동을 하는 것이 바람직하다.

* 처음 만나는 고객에게 나의 명함을 주거나 그분의 명함을 받을 때 두 손으로 주고받는다.
* 대화에 앞서 그분에게 존경하는 호칭을 사용하여 정중히 인사한다. [호칭: 선생님, 부인, 과장님, 박사님, 기사님 등]
* 불편하거나 돌봄이 필요한 데 대해 물어본다.
* 쉬운 말로 천천히 정확하게 말한다.
* 그분의 말을 이해하려고 노력한다.
* 그분의 청력을 파악해서 내가 할 말의 크기와 속도를 조절한다.
* 존경하는 마음이 말에 담기도록 공손히 말한다.

우리의 문화적 맥락에서는 어느 세팅에서나 적어도 위와 같은 사항을 지키는 것이 고객에게 겸손하게 예의를 표하는 언행으로 되어 있다. 겸손한 개입자는 아래 사항도 준수해야 할 것으로 본다.

* 고객을 존중하는 말과 행동을 할 것
* 고객의 말을 조심스럽게 귀담아들을 것

* 고객의 이야기를 충분히 듣고 나서 그에 대한 의견을 갖고 판단할 것
* 짐작 또는 추측을 해서 발언하지 말 것
* 고객이 알 수 있도록 분명하게 말할 것
* 기계적으로 응답하지 말 것
* 나의 가치관을 고객에게 주입시키지 말 것
* 고객의 장점과 잠재력을 존중할 것
* 편한 자리를 제공하고, 존댓말을 사용하고, 가족 내 권위를 인증하고, 의견을 존중해 줄 것

위와 같은 태도로 행동하면, 고객은 어려운 문제를 자유로이 이야기하고, 문제 해결을 위해 개입자와 더 협조적으로 임하게 될 것이다. 무엇보다도 겸손한 개입자는 고객의 말을 조심스럽게 귀담아 듣는다. 겸손한 사람은 남을 사랑과 존경, 그리고 측은지심으로 대한다. 이 점은 퇴계가 가르친 것이기도 하지만, Rogers(1961)도 긍정적인 관계를 촉진하는 데 필요한 조건이라고 지적하였다.

위의 여러 가지 항목 중에서 특히 겸손한 개입자가 할 일은 고객의 이야기를 조심스럽게 잘 들어 주는 것이다. 이것이 성공적인 개입의 실마리고 겸손의 대표적인 표시다.

겸손한 개입자는 고객을 인격자로 존중하고, 열심히 듣고, 필요할 때는 암시와 권유를 하고, 너그럽고, 예의 바르게 행동한다(Gambrill, 1983). 비언어적 행위, 눈 접촉, 몸 자세, 몸 가눔으로도 겸손을 표시할 수 있다. 개입자는 위와 같은 방안을 적용해서 개입에 영향을 끼치는 겸손 문제를 슬기롭게 풀어나갈 수 있어야 한다.

겸손은 자신에 대한 사랑이고, 다른 사람에 대한 사랑이며, 인간에 대한 사랑이다. 남을 의식하고, 남의 존재를 인정하는 것이다. 진전을 위해서 불편을 참는 것이다(Chu, Hwang & Hung, 2010).

겸손한 개입자는 고객에 대해서 '내가 알고 있다' 또는 '나는 잘 안다'는 식의 태도를 갖지 않는다. 오히려 고객이 생각하는 것, 그가 알고 있는 것에 대해서, 먼저 듣고 알아보려고 노력한다. 고객은 동일하지 않다. 고객마다 각자의 오랜 세월 동안 이루어진 경험과 생활 방식에 따라 독특한 문화를 간직하고 있으며 나름대로의 복잡하고, 다차원적인 배경을 가진다. 모든 건전하고 생산적인 접촉은 존경하는 관계를 맺는 것이 가장 중요하다. 효과적 사회복지 실천의 기본은 실천가와 고객 사이의 힘의 균형을 이루는 것이다. 고객에게도 힘이 있고 개입자에게도 힘이 있다(Gambrill, 1983).

찾아 보기

참고 문헌

(1) 국내

강철희, 2020, 02, 「가구 단위의 세속적 기부, 종교적 기부, 상호부조적 기부 행동 간 관계의 영향 요인 비교」, 한국사회복지행정학.

경제기획원, 2013, 「평균 가족 수」.

고범서, 1992, 『가치관연구』, 나남.

권경임, 2009, 『현대불교사회복지론』, 동국대학교출판부.

권중돈, 2019, 『노인복지론』(8판), 학지사.

금장태, 2012, 『퇴계평전: 인간의 길을 밝혀준 스승』, 지식과 교양.

금장태, 2001, 『퇴계의 삶과 철학』, 서울대학교출판부.

김낙진, 2004, 『의리의 윤리와 한국의 유교 문화』, 집문당.

김민경 외, 2016, 「장기요양기관 요양보호사의 노인 인권 옹호 행동 영향 요인」, 한국노년학, 36(3), pp. 673-691.

김범수, 2017, 「한국사회복지사협회 50년 발자취: 한국사회복지사협회 50년사」, 한국사회복지사협회.

김병섭, 박광국, 조경호, 2015, 『휴먼조직론』, 대영문화사.

김상균, 2005, 「한국사회복지의 좌표」, 한국사회복지회.

김성천, 2005, 「한국사회복지의 좌표, 한국사회복지회, 한국가족의 변화와 대응방안」, 한국보건사회연구원 연구보고서.

김성천 외, 2020, 『사례관리론』, 학지사.

김성희, 남희은, 박소진, 2012, 「요양보호사의 직무 만족이 서비스에 미치는 영향」, 한국콘텐츠학회논문지.

김시우, 2008, 『성경적 효 입문』, 다시랑.

김은미, 김기범, 2004, 「사회적 맥락에 따른 겸손언의 의미 분석」, 한국심리학회지: 사회 및 성격, 16(3), pp. 47-60.

김은아, 이용남, 2012, 『퇴계의 교육적 자아실현연구』, 교육과학사.

김태환, 1982, 「사회학적인 견지에서 본 한국인의 국민성, 국민윤리」, 8. 정신문화연구원.

김형용, 2013, 「포용적 사회와 나눔문화의 현실, 한국의 나눔문화와 복지사회」, 아산사회복지재단.

김형효, 최진덕, 정순우, 손문호, 심경호, 1997, 「退溪의 사상과 그 현대적 의미」, 한국정신문화연구원.

나병균, 1985, 「향약과 사회보장의 관계」, 사회복지학회지, 7호, pp. 21-50.

나은영, 차유리, 2010, 「한국인의 가치관 변화 추이」, 한국심리학회지: 사회와 성격, 24(4), pp. 63-93.

『노자(老子) 도덕경』, 1989, 박일봉 역편, 육문사.

『논어(論語)』, 1997, 이가원 감수, 홍신문화사.

『대학-중용(大學-中庸)』, 1993, 이가원 감수, 홍신문화사.

도성달, 2012, 「윤리, 세상을 만나다」, 한국중앙연구원.

『맹자(孟子)』, 1994, 이가원 감수, 홍신문화사.

문용린, 김인자, 원현주, 백수현, 안선영 역, 2008, 「성격 감정과 덕목의 분류」, 한국심리상담연구소.

박병현, 2008, 『사회복지와 문화』, 집문당. 아산재단연구총서.

박수명 외, 2008, 『한국국민정신운동의 역사와 발전 방향』, 집문당.

박종홍(朴鍾鴻), 1960, 「퇴계의 인간과 사상」, 국제문화 연구소, 世界 2권, 4호.

박지혜, 박은주, 조상미, 2009, 「사회복지조직의 조직 효과성 연구 경향 분석」, 한국사회복지학, 61(1).

백낙준(白樂濬), 1963, 『한국의 현실과 이상』, 동아출판사.

보건복지부, 2020, 「사회복지시설관리 안내」.

보건복지부, 2017, 「민간 사례 관리 업무 가이드」.

성규탁. 2016, 『한국인의 효에 대한 사회조사-질적 및 양적 접근』, 집문당.

성규탁 역, 1997(중쇄), 『사회복지행정조직론』, 박영사. [Y. Hasenfeld, *Human Service Organizations*, 1983, Englewood Cliffs, NJ: Prentice-Hall.]

성규탁, 1988-2003, 『사회복지행정론』, 박영사(2판 8쇄).

성규탁(역), 1985, 「사회복지행정론」, 한국사회개발연구원.

성규탁, 1989, 「현대한국인의 효행에 관한 연구」, 한국노년학, 9, pp. 28-43.

성규탁, 1990, 「한국노인의 가족 중심적 상호부조망」, 한국노년학, 9, pp. 28-43.

성규탁, 2000, 「노인을 위한 가족의 지원: 비교문화적 고찰」, 사회복지, 45,

pp. 175-192.

성규탁, 2005, 『현대 한국인의 효: 전통의 지속과 표현의 변화』, 집문당(대한민국학술원선정 우수도서).

성규탁, 2017, 『효행에 관한 조사 연구』, 지문당.

성규탁, 2017, 『효, 사회복지의 기틀: 퇴계의 가르침』, 문음사.

성규탁, 2019, 『부모님을 위한 돌봄』, 한국학술정보.

성규탁, 2022, 『사회복지시설의 바람직한 관리』, 한국학술정보.

성규탁, 2022, 『한국인의 노인복지를 위한 가족효와 사회효의 연계』, 한국학술정보.

성기월, 2005, 「무료 양로-요양시설 간호사의 업무 내용과 직무 만족도」, 지역사회간호학회지, 1(3).

『성서(聖書)』(The Holy Bible).

『소학(小學)』, 이기석 역해, 2003, 홍신문화사.

손인주, 주채혁, 조격호, 조대희, 민병주, 1977, 「한국인의 인간관」, 삼화서적주식회사.

손인수, 1992, 『한국인의 가치관, 교육가치관의 재발견』, 문음사.

손인수 외, 1977, 『한국인의 인간관』, 삼화서적주식회사.

송복, 1999, 『동양의 가치란 무엇인가: 논어의 세계』, 미래인력연구센터.

송성자, 1997, 「한국문화와 가족치료」, 한국사회복지학, 32권, 160-180.

신용하, 2004, 『21세기 한국사회와 공동체 문화』, 지식산업사.

신용하, 2000, 『한민족의 형성과 민족 사회학』, 지식산업사.

신용하, 장경섭, 1996, 『21세기 한국의 가족과 공동체 문화』, 집문당.

신환철, 1995, 「인간화를 위한 관료제 개혁」, 사회과학연구, 21(95-2), pp. 25-46.

양옥경, 2015, 「사회복지윤리와 인권」, 공동체.

양옥경 외, 2018, 『사회복지실천론』, 나남(5판).

『예기(禮記)』, 1993, 권오순 역해, 홍신문화사.

오석홍, 2016, 『인사행정론』, 박영사.

원영희, 모선희, 1998, 「노인복지관에 관한 연구: 현황과 발전 방안」, 한국노년학, 18(2), 64-79.

유성호 외, 2016, 「노인요양시설 입소 노인에 대한 여성요양보호사의 폭력 경험에 대한 탐색적 연구」,

유영익, 1992, 『한국근대사론』, 일조각.

유종해, 이득로, 2015, 『현대행정학』, 박영사.

윤성범, 1975, 「*Ethics East and West*」(M.C. Kalton, trans.), Seoul.

윤태림, 1970, 『한국인의 의식 구조』, 문음사.

안상훈, 2005, 「한국사회복지의 좌표」, 한국사회복지학회.

엄예선, 1994, 『한국가족치료개발론』, 홍익제.

『예기(禮記)』, 1993, 권오순 역해, 홍신문화사.

원영희, 모선희, 1998, 「노인복지관에 관한 연구」, 한국노년학, 18(2), pp. 64-79.

유민봉, 심형인, 2013, 「한국사회의 문화적 특성에 관한 연구」, 한국심리학회지: 문화와 사회문제, 19(3), pp. 457-485.

유병용, 신관영, 김현철, 2002, 『유교와 복지』, 백산서당.

유종해, 이극로, 2015, 『현대행정학』, 박영사.

윤경아, 이윤화, 2000, 「장애노인의 사회복지서비스 욕구에 관한 연구」, 한국노년학, 20(3), pp. 77-91.

윤사순, 2016, 『퇴계선집』(14쇄), 현암사.

이준영, 2020, 『사회복지행정론』, 학지사.

윤태림, 1970, 『한국인의 의식 구조』, 삼화서적.

이광규, 1981, 『한국가족의 심리 문제』, 일지사.

이경자 외, 2004, 「노인전문간호사의 역할」, 노인간호학회지.

이민홍, 정병오, 2020, 「사회복지 프로그램개발과 평가」, 양서원.

이승호, 신유미, 2018, 「공적 돌봄과 가족 돌봄의 종단적 과제: 재가노인돌봄을 중심으로」, 한국노년학, 38(4), pp. 1035-1055.

이중표, 2010, 『현대와 불교 사상』, 전남대학교출판부.

이문태, 1998, 「한국인의 인성」, 교육과학사, pp. 301-308.

이준영, 2010, 『사회복지행정론』, 학지사.

이부영, 1983, 「한국인의 성격의 심리학적 고찰, 한국인의 윤리관」, 한국정신문화연구원, pp. 227-269.

이상은(李相殷), 1965, 「퇴계의 생애와 학문」, 예문서원, pp. 107-124.

이석재, 최상진, 2001, 「체면 지향 행동의 이원구조모델 감증」, 한국심리학회지: 사회 및 성격, 15(2), pp. 65-83.

이순민, 2016, 『사회복지윤리와 철학』, 학지사.

이황, 윤사순 역주, 2014, 『퇴계선집』, 현암사.

이황(李滉), 이광호 옮김, 1987, 『성학십도(聖學十圖)』, 홍익출판사.

이황(李滉), 장기근 역해, 2003, 『퇴계집(退溪集)』, 홍신문화사.

「일본사회복지사회윤리강령」, 2006.

임태섭, 1994,「체면의 구조와 체면 욕구의 결정 요인에 대한 연구」, 한국언
   론학보 32호, pp. 207-247.
임창희, 2020,『조직행동』, 비엔엠스북스(6판).
장성숙, 1999,「한국적 상담의 필요성: 현실역동상담」, 한국심리학회지: 상담
   과 치료, 11(2), pp. 19-33.
장희숙, 박영자, 2005,『가족: 개인중심적 가족관』, 학지사.
전경련(전국경제인협회), 2016,「사회공헌백서」.
정승은, 이순희, 2009,「노인요양시설 간호사의 실무 경험」, 호학회지, 15(1),
   pp. 116-127.
정순돌, 2005,「한국사회복지의 좌표」, 한국사회복지학회.
정순목, 1990,『퇴계의 교육철학』, 지식산업사.
정태인 외(10인), 2016,『사회심리학』, 학지사.
정현숙, 옥선화, 2015,「가족 관계」, KNOU Press.
조석준, 1985,『조직론』, 법문사.
조지현, 오세근, 양철호, 2012,「아시아 4개국의 노인부양의식 및 노인부양행
   위에 관한 비교연구 - 한국, 일본, 중국, 대만을 중심으로」, 사회연구,
   통권 22호, pp. 7-42.
조학래, 2020,『사회복지실천론』, 신정.
『중용(中庸)』, 2008, 박완식 편저, 여강.
채무송, 1985,『퇴계-율곡 철학의 비교연구』, 성균관대학교출판부.
최문형, 2004,『한국전통사상의 탐구와 전망』, 경인문화사, 336-348.
최문형, 2000,「동학사상에 나타난 민족통일이념 연구, 남북한 민족공동체의
   지속과 변동」, 교육정책연구 2000-지-1, 교육인적자원부, p. 111.
최상진, 2012,『한국인의 심리학』, 학지사.
최상진, 김기범, 2011,『문화심리학-현대한국인의 심리 분석』, 지식산업사.
최연실 외(15인), 2015,『한국가족을 말한다: 현상과 쟁점』, 도서출판 하우.
최원규, 1995, 'KAVA 40년사를 정리하고 나서',『외원사회 사업기관활동사』,
   홍익제.
최유정, 2010,『가족 정책을 통해 본 한국의 가족과 근대성-1948~2005년까
   지』, 백문사.
최재석, 2009,『한국의 가족과 사회』, 경인문화사.
최재석, 1983,『한국인의 사회적 성격』, 개문사.
최재성, 2017,『노인요양원과 문화변화』, 집문당.
최재성, 2012. 02,「사회복지조직의 IT 자원이 업무 효율성에 미치는 영향」,

한국사회복지행정학.

카바 40년사 편찬위원회, 1994,「외원사회사업기관활동사」, 홍익제.

통계청,「장래인구 추계(1990-2021)」.

통계청,「사회조사, 2008~2015」.

『퇴계집(退溪集)』, 2003, 이황, 장기근 역해, 홍신문화사.

한경혜, 성미애, 진미정, 2014,「가족발달」, KNOU Press.

「한국사회복지협의회, 60년사」, 2012.

「한국사회복지사협회 50년사」, 2017.

「한국사회복지사협회, 윤리강령」, 실천가이드북, 2008.

한국사회복지학회,「한국사회복지학의 좌표」, 2005, 춘계학술대회자료집.

한동우, 2017,「나눔 문화 확산을 위한 전략 도출과 사회복지공동모금회법 개정연구」, 한국사회복지행정학회 학술대회 자료집, 913-922.

한동우, 2014,「사회복지행정론」, 한국사회복지행정학회.

한상진, 2006,「역동적 균형과 한국의 미래: 사회통합과 균형적 성장」, 나남.

한형수, 2011,『한국 사회 도시 노인의 삶의 질 연구』, 청록출판사.

홍경준, 1999,「복지국가유형에 관한 질적 분석: 개인주의, 자유주의, 그리고 유교주의 복지국가」, 한국사회복지학, 38, pp. 309-335.

황성철, 정무성, 강철희, 최재성, 2020,『사회복지행정론』, 정민사.

효경(孝經)

황진수, 2011,『노인복지론』, 공동체.

(2) 국외

Andersen, N. A., 2001. "Polyphonic organizations", NPP Working Paper No. 13/2001, ISNN: 1396-2817.

Bales, R. E., 1969, "The equilibrium problem in small group", (In) J. A. Litterler (Ed.), Organizations: System, control, and adaptation, Vol. 2, (2nd Ed.), New York: Wiley, pp. 169-181.

Baumgartel, H., 1963, "Too much concern with human relations?", Adult Leadership(March).

Blau, P. M., 1955, "The dynamics of bureaucracy", Chicago: University of Chicago Press.

Blomberg, J., 2020, "Organization theory", Sage.

Bradford, D. L., & Burke, W. W., 2005, "Organizational development", San

Francisco: Pfeiffer.

Brown, P., & Levinson, S. C. 1987, "Politeness: Some universal laguage usage", New York: McMillan.

Burns, T., & Stalker, G. M., 1961, "The management of innovation", London: Tavistock.

Cartwright, D., & Zander, A., 1968, "Group dynamics"(3rd Ed.), New York: Harper & Row.

Cho, S. M. (조상미), 2008, "Understanding of diversity and inclusion in a perceived homogeneous culture: A study of organizational commitment and job performance among Korean employees", Administration in Social Work, 32(4), pp. 100-126.

Chu, T. S., Hwang, H. J., & Hung, Y., 2010, "The influence of humility on leadership: A Chinese and western view", National Sun-Yatsen University, Taiwan.

Cicirelli, S., 2011, "Psychology", Boston: Pearson.

Coffman, C., & Gonzalez-Morina, G., 2002, "Warner Business Books".

Dallet, 1966, 정기숙 역, 1966, 『조선교회사서론』, 탐구당.

Damon-Rodriguez, J. A., 1998, "Respecting ethnic elders: A perspective for care providers", (In) R. Disch, R. Doborof, & H. R. Moody(Eds.), Dignity and Old Age, pp. 53-72. New York: Haworth.

Diggins, M. (2004). "Teaching & learning communication skills in social work education", London: Social Care Institute for Exchange.

Dillon, R. S., 1992, "Respect and care: Toward moral integration", Canadian Journal of Philosophy 22, pp. 105-132.

Downie, R. S., & Telfer, E., 1969, "Respect for persons." London: Allen and Unwin.

Erikson, E. H., 1993, "Childhood and society". New York: Norton.

Etzioni, A., 1964, "Modern organizations". Englewood Cliffs, NJ: Prentice-Hall.

Gambrill, E., & Gibbs, L., 2017, "Critical thinking for helping professionals: A skill-based workbook", London: Oxford University Press.

Gambrill, E., 1983, "Casework: A competency-based approach." Englewood Cliffs, NJ: Prentice-Hall.

Garvin, C. D, & Tropman, J. E., 1997, "Social work in contemporary society." (2nd Ed.), New York: Allyn & Bacon.

Georgopoulos, B. S., & Tannenbaum, A. S., 1957, "A study of organizational effectiveness", American Sociological Review, 22, pp. 534-540.

Gibbard, A., 1990, "Wise choices, apt feelings", Cambridge, MA: Harvard University Press.

Gouldner, A. W., 1959, "Organizational analysis", (In) Sociology Today, (Eds.) R. K. Merton, et al. New York: Basic Books.

Greiner, L., 1988, "Evolution and revolution as organizations grow", Harvard Business Review, May-June.

Gross, N., Guiaquinta, J. B., & Bernstein, M., 1971, "Implementing organizational innovation", New York: Basic Books.

Ghusn, R. S., et al., 1996, "Enhancing life satisfaction in later life", Journal of Gerontological Social Work, 26, pp. 27-47.

Gulick, L., & Urwick, L., (Eds.), 1937, "Papers on science of administration", New York: Institution of Public Administration.

Hasenfeld, Y., 2009, "Human services as complex organizations", (2nd Ed.) Thousand Oaks, CA: Sage.

Hasenfeld, Y., 1985, "Human service organizations", Englewood Cliffs, NJ: Prentice-Hall. 성규탁 역, 1997. 『사회복지행정조직론』, 박영사.

Hazen, M. A., 1993, "Toward polyphonic organization", Journal of Organizational Change Management. ISSN: 0953-4814. May 1.

Herbert, A. S., Jones, Jr., P., & Schaupp, D. L., 2008, "An organizational development model for retooling social welfare administrators", Published online: 25 Oct.

Jansson, B. S., 2013, "Becoming effective policy advocate: Policy practice to social justice", New York: Brooks/Cole.

Kahn, A. J., 1979, "Social policy and social services", (2nd Ed.), New York: Random House.

Katz, D., & Kahn, R. L., 1978, "The social psychology of organizations", (2nd Ed.), New York: Wiley.

Korean Association of Voluntary Agencies(KAVA), Proceedings of Ninth Annual Conference, 1965, "KAVA", Seoul, Korea.

Kim, B. J. (김범중), 2011, "Teaching repayment of parents' kindness", Educational Gerontology, 37(10), pp. 899-909.

Kupritz, V. W., & Cowell, E., 2011, "Productive management communica tion", Journal of Business Communication, 48(1), pp. 54-82.

Lawrence, P. R., & Lorsch, J. W., 1967, "Organization and environment", Harvard Business School Division of Research.

Lewis, R., 2005, "Teaching gratitude in early years–When do kids get it?", MN: Free Spirit Publishing.

Likert, R., 1987, "New pattern of management", New York: McGraw Hill, Ch. 8.

Litwak, E., 1985, "Theoretical base for practice", (In) Maintenance of family ties of long-term care patients, R. Dobroff & E. Litwak (Eds.). Washington, DC: Department of Health, Education and Welfare.

Locke, E. A., & Latham, G. P., (Eds.), 2017, "New development in goal setting and task performance", New York: Prentice-Hall.

Lowenberg, F., & Dolgoff, R., 1985, "Ethical decisions for social work practice", Itasca, IL: F. E. Peacock.

Luhmann, N., 2013, "Introduction to system theory", Cambridge, U. K.: Polity Press.

Manheim, H, L., & Simon, B. A., 2013, "Sociological research: Philosophy and methods", Homewood, IL: Dorsey Press.

March, J. G., & Simon, H., 1958, "Organizations", New York: Wiley.

Mayo, E., 1933, "The human problems of an industrial civilization", New York: Macmillan.

Mehr, J. J., & Kanwischer, R., 2004, "Human services", [8th Ed.] Boston: Allyn & Bacon.

Merton, R. K., 1940, "Bureaucratic structure and personality", Social Forces. 18, pp. 560-568.

Mohr, L., 1973, "On the concept of organizational goal", American Political Science Review, 67, pp. 470-482.

Myrdal, G., 1958, (260-261), "Value in social theory", P. Streeten, (Ed.). New York, Harper.

NASW(National Association of Social Workers), 2000, "Code of Ethics", Washington, D. C.

Netting, J. E., Kettner, P. M., & McMurtry, S. L., 2016, "Social work macro practice", (6th Ed.) New York: Longman.

Ohliner, P. M., & Ohliner, S. P., 1995, "Toward caring society", Westport,

CT: Praeger.

Park, C. H. (朴鍾鴻), 1983, "Historical review of Korean Confucianism", (In) Main currents of Korean houghts, The Korean National Commission for UNESCO. Seoul: The Si-sa-yong-o-sa.

Parsons, T., 1970, "How are clients integrated into service organizations". (In) Organizations and clients (Eds.) W. Rosengren & M. Lefton, Columbus, OH: C. E. Merrill. pp. 1-16.

Pedersen, P. B., 1983, "Asian personality theory", (In) R. J. Corsica & A. J. Marsella (Eds.), Personality Theories, Research, and Assessment, Itasca: Peacock.

Perrow, C., 2014, "Complex organizations: A critical essays", VM: Echopoint Books.

Perrow, C., 1970, "Organizational analysis: A sociological view." Belmont, CA: Wadworth.

Rawls, J., 1971, "A Theory of justice. Cambridge", MA: Harvard Univ. Press.

Roberts, J., 2004, "The modern firm: Organizational design for performance and growth", Oxford University Press.

Roethlisberger, F. J., & Dickson, W. J., 1939, "Management and the worker. Cambridge", MA: Harvard University Press.

Rogers, C. R., 1961, "On Becoming a person", Boston: Houghton Mifflin.

Rogers, C. R., 1977, "Carl Rogers on personal power", New York: Delacorte.

Roland, A., 1989, "In search of self in India and Japan: Toward cross-cultural psychology", Princeton Univesity Press.

Rothman, J., 2014, "The meaning of "Culture"(12-27)". The New Yorker.

Rothman, J., & Sager, J. S., 1998, "Case management: Integrating individual and community practice", Allan & Bacon.

Seashore, S. E., & Yuchtman, E., 1967, "Factorial analysis of organizational performance", Administrative Science Quarterly, 12, pp. 377-395.

Selznick, P., 1943, "Foundations of theory of organization", American Sociological Review, 13, pp. 25-35.

Simmel, O. S., 2008, "The web of group affiliation", New Yrok: Free Press.

Simon, H. A., 1964, "Administrative behavior", (2nd Ed.), New York: Free Press.

Starbuck, W., 1965, "Organizational growth and development", (In) J. March,

Handbook of organizations, Chicago: Rand McNally.

Strahmer, H. M., 1985, "Values, ethics, and aging." (In) Values, ethics, and aging, Losnoff-Caravaglia. (Ed.). pp. 26-40. New York: Human Sciences Press.

Street, D., Vinter, R., & Perrow, C., 1968, "Organizations for treatment", New York: Free Press.

Sung, K. T. (성규탁), & Dunkle, R. E., 2009, "How social workers demonstrate respect for elderly clients", Journal of Gerontological Social Work 53, pp. 250-260.

Sung, K. T. (성규탁) & Hagiwara, S.(萩原俊), 2005, "Japanese young adults and elder respect: Exploration of forms and expressions", Graduate School of Social Well-being Studies, Hosei University, Japan.

Sung, K. T. (성규탁), Kim, B. J. (김범중), & Torres-Gil, F., 2010, "Respectfully treating the elderly: Affective and behavioral ways of American young adults", Educational Gerontology 36, pp. 127-147.

Sung, K. T. (성규탁) & Yan, G. 2007, "Chinese young adults and elder respect", University of Southern California-Shanghai University.

Taylor, F. W., 1947, "Scientific management", New York: Harper & Brothers.

Ting-Toomey, S., Gao, G., Trubisky, P., Yang, Kim, H. K., Lin, S. L., & Nishida, T., 1991, "Culture, face maintenance, and styles of handling interpersonal conflict: Study in five cultures", International Journal of Conflict Management 2(4), pp. 275-296.

Titmuss, R. M., 1976, "Commitment to welfare", London: Harpers Collins.

Towle, C., 1965, "Common human needs", New York: National Association of Social Workers.

Triandis, H. C., 1994, "Culture and social behavior", New York: Trafalger Publishing.

Triandis, H. C,, 1995, "Individualism and collectivism", Westview Press.

Tu, W. M. (杜維明), 1995, "Humanity as embodied love: Exploring filial piety in a global ethical perspectives", (In) Filial piety and future society, Gyonggido, South Korea: The A cademy of Korean Studies.

Weber, M., 1947, "The theory of social and economic organizations" (trans.) A. M. Henderson & T. Parsons, New York: Free Press.

Yuchtman, E., & Seashore, S. E., 1967, "A system resource approach to organizational effectiveness", American Sociological Review, 32, pp. 891-903.

Zald, M. N., 1962, "Organizational control structures in five correctional institutions", American Journal of Sociology, 69, pp. 335-345.

성규탁

서울대학교, 학사, 석사
University of Michigan, MSW, Ph.D.
University of Wisconsin-Madison 사회사업대학원 교수 역임
연세대사회복지학과(창립시) 학과장 역임
University of Chicago Fellow(선경최종현학술원지원) 역임
한국사회복지학회장, 한국노년학회장 역임
Michigan State University 사회사업대학원 전임교수 역임
University of Southern California 사회사업대학원 석좌교수 역임
University of Michigan 사회사업대학원 초빙교수 역임
한국복지경제연구원효문화연구소대표
한국사회복지사협회원로회 대표
시회복지교육실천포럼 대표

저서(국문): 사회복지 관련
『사회복지행정론』(법문사) [한국최초로 발간된 사회복지행정학 책]
『사회복지행정론』)(한국사회개발연구원)
『사회복지행정조직론』(박영사)
『사회복지사업관리론』(법문사)
『산업복지론』(박영사)
『정책평가』(법영사)
『사회복지임상조사방법론』(법문사)
『사회복지시설의 바람직한 관리』(한국학술정보)

저서(국문): 효 관련
『새 時代의 孝』(연세대출판부)(연세대학술상수상)
『새 시대의 효 Ⅰ, Ⅱ, Ⅲ』(문음사)(아산재단아산효행상수상)
『현대 한국인의 효』(집문당)(대한민국학술원선정우수도서) 2005
『한국인의 효 Ⅰ, Ⅱ, Ⅲ, Ⅳ, Ⅴ』(한국학술정보사) 2010
『어른을 존중하는 중국, 일본, 한국 사람들』(한국학술정보사) 2011
『한국인의 서로돌봄: 사랑과 섬김의 실천』(한국학술정보사) 2013
『한국인의 세대 간 서로돌봄: 전통-변천-복지』(집문당) 2014
『한국인의 효에 대한 사회조사』(집문당) 2015
『효, 사회복지의 기틀: 퇴계의 가르침』(문음사) 2017
『한국의 어른에 대한 올바른 존중』(한국학술정보사) 2019

『새 시대 한국인의 효: 사회적 효와 가족적 효의 종합』(한국학술정보사) 2020
『부모에 대한 감사』(한국학술정보사) 2021
『한국인의 부모와 고령자에 대한 존경』(한국학술정보사) 2022

저서(영문)

Care and respect for the elderly in Korea: Filial piety in modern times in East Asia", Jimoondang, 2005.

Respect and care for the elderly: The East Asian way. Lanham, MD: University Press of America, 2007.

Respect for the elderly: Implications for human service providers. Lanham, MD: University Press of America, 2009.

Advancing social welfare of Korea: Challenges and approaches. Seoul: Jimoondang, 2011.

The Organizational Effectiveness of Family Planning Clinics. Ann Arbor: The University of Michigan School of Social Work, 1974.

논문(국내)

사회복지학회지, 연세사회복지연구, 사회복지, 한국정신문화연구원논총, 한림과학원총서, 승곡논총, 한국노년학, 노인복지정책연구총서 등에 발표

논문(국외)

Journal of Social Service Research, Administration in Social Work, International Social Work, Society and Welfare, Social Indicators Research, Journal of Family Issues, Journal of Applied Social Sciences, Journal of Poverty, The Gerontologist, Journal of Aging Studies, International Journal of Aging & Human Development, Journal of Gerontological Social Work, Journal of Cross-Cultural Gerontology, Journal of Aging & Social Policy, Educational Gerontology. Ageing International, Journal of Religious Gerontology, Hong Kong Journal of Gerontology, Australian Journal on Ageing, International Journal of Social Research & Practice, Public Health Reviews, Health and Social Work, Children and Youth Service Review, Child Care Quarterly 등에 발표

조상미

이화여자대학교 사회복지학과, 학사
University of Southern California School of Social Work, MSW, Ph.D.
University of Tennessee, Knoxville School of Social Work, 조교수
이화여자대학교
 사회복지학과/사회경제협동과정 교수
 사회복지전문대학원 교학부장
 사회복지대학원 부원장
 국제교류처 부처장
 사회적경제협동과정 미래역량육성사업단장
 글로벌미래평생연구원장/문화예술교육원장

저서
사회적 가치 시대를 연다
이화 사회적경제 리뷰
이화 사회적경제 리뷰 2
교육 국제개발협력 프로젝트
국제사회복지 교육과 실천: 이화여자대학교 캄보디아 사례를 중심으로
한국 사회복지교육: 현황, 과제, 그리고 대안
사회복지개론

논문
Administration in Social Work, Adolescence, Asian Social Work and Policy
Review, Asian Journal of Gambling Issues and Public Health, Disability and
Health Journal, Human Service Organizations: Management, Leadership &
Governance, Nonprofit and Voluntary Sector Quartely, Korea Business Review,
Journal of Social Service Research, International Journal of Continuing Social
Work Education, 한국사회복지행정학, 인적자원관리연구, 한국사회복지학, 사회복지
정책, 한국창업학회지, 사회과학연구논총, 사회적기업연구, 사회복지연구, 지역발전연
구, 사회복지 실천과 연구, 장애와 고용, 사회적기업학회, 사회복지정책, 한국경영학,
한국사회복지정책학, 한국비영리연구 등에 발표

김범중

University of Michigan, School of Social Work, MSW
University of California, Los Angles, School of Social Work, Ph.D.
현) 중앙대 사회복지학부 부교수
현) 보건복지부 사회서비스 정책포럼 위원
현) 한국노년학회 기획위원장
현) 한국노인복지학회 기획학술공동위원장
현) 한국사회복지학회 아시아학술분과 위원장
현) 비판과 대안을 위한 사회복지학회 총무위원장
현) 중앙사회복지연구회 총무위원장
현) 시립동작노인복지관 운영위원장
현) 서대문시니어클럽 운영위원장
전) 하와이주립대 사회복지대학원 부교수
전) 하와이주립대 한국학연구소 연구교수
전) 하와이원주민 노인연구소 연구교수
전) 일본관서학원대학 방문부교수
전) UCLA 노인정책연구소 부소장

저서
Advancing Social Welfare of Korea: Challenges & Approaches, Jimoondang
Publishing Co.

논문
Social Work in Public Health, Aging and Mental Health, Educational
Gerontology, 한국지역사회복지학, 사회복지정책, 한국사회정책 등에 발표

이석호 ───────────────────────────

연세대학교 사회복지학과 학사
Michigan State University
School of Social Work, MSW
University of Texas, Austin
School of Social Work, Ph.D.
국립목포대학교사회복지학과 조교수
JCON 선임연구원
가톨릭대학교일소대학원중독학과 초빙강사
한국복지경제연구원 연구원(사회복지실천연구 담당)
한국효문화연구소 연구원

논문
정신건강과 사회복지, 한국융합학회지 등에 발표

한국사회복지조직의 성장과 과제

초판 1쇄 발행 2021년 10월 11일
초판 4쇄 발행 2024년 10월 02일

지은이 성규탁 · 조상미 · 김범중 · 이석호
펴낸이 채종준
펴낸곳 한국학술정보㈜
주소 경기도 파주시 회동길 230(문발동)
전화 031) 908-3181(대표)
팩스 031) 908-3189
홈페이지 http://ebook.kstudy.com
전자우편 출판사업부 publish@kstudy.com
등록 제일산-115호(2000. 6. 19)

ISBN 979-11-6801-152-6 93330